Wolfgang Steinweg

1939
Hannovers Weg
in den Zweiten Weltkrieg

© 1989 Verlagsgesellschaft Madsack GmbH & Co., Hannover

2. Auflage, Januar 1990

Fotos: siehe Quellenverzeichnis

Gestaltung:
Dieter Rohs, Sonja Rebohle

Gesamtherstellung:
Druckhaus Göttingen
Göttinger Tageblatt GmbH & Co.

ISBN 3-7860-0033-6

Vorwort

1939 – Hannovers Weg in den Zweiten Weltkrieg

Als am frühen Morgen des 1. September 1939 deutsche Truppen die polnische Grenze überschritten hatten, da waren auch Wehrmachtseinheiten aus Hannover in der vordersten Linie mit dabei. Wenig später kamen die ersten Verwundeten aus Polen in hannoversche Lazarette, wurde der Krieg durch Todesanzeigen in den hannoverschen Zeitungen bittere Wirklichkeit, auch für die politisch weniger Interessierten. Hitlers menschenverachtende Aggressionspolitik hatte die Welt in den Krieg getrieben, doch Hitler allein und seine Generale wären dazu nicht in der Lage gewesen. Die überwiegende Mehrheit des deutschen Volkes hat die Politik der Nationalsozialisten mitgetragen, auch in Hannover. In blinder, häufig gedankenloser Gefolgschaft sind damals auch die meisten Bürger dieser Stadt im Gleichschritt marschiert. Die wenigen, die eigene Gedanken abseits der Masse bewegten, waren durch Einschüchterung und Terror zum Schweigen verdammt.

Aber auch in Hannover beherrschten nicht Hurrapatriotismus und überschwengliche Siegesgefühle die Gemüter, als Ende August 1939 die Mobilmachung verkündet wurde, als aktive Verbände in ihre Bereitstellungsräume und Reservisten des Ersatzheeres in die Kasernen einrückten. Die große Weltpolitik interessierte den Durchschnittsbürger nur am Rande, zumal Hitlers Außenpolitik „friedliche Erfolge" vorzuweisen hatte. „Es war eigentlich ein ganz normales Jahr", hörte ich von zahlreichen Hannoveranern, die das Jahr 1939 in der Stadt als Kinder und Jugendliche miterlebt haben. Das Leben ging weiter, man freute sich an einem warmen Frühjahr und genoß einen heißen Sommer, ging lieber zum Schwimmen und Tanzen als auf Propagandaveranstaltungen für Führer und Vaterland. Viele gingen – natürlich – auch dorthin.

Aus Gesprächen mit älteren Bürgern, aus Zeitungsberichten jener Monate, anhand von Dokumentationsmaterial aus Archiven und Tagebüchern, lasse ich jenes Jahr in Form einer atmosphärischen Rückblende Revue passieren. Geschichte, auch Stadtgeschichte, wandelt sich erst durch Zeitzeugen in lebendige Bilder. Nach fünfzig Jahren sind manche Erinnerungen verblaßt, ist das Bild von damals getrübt. Mitunter tut es weh, sich bohrenden Fragen der jüngeren Generation zu stellen.

Meine Darstellung beginnt im November 1938 nach dem Judenpogrom der sogenannten Reichskristallnacht, als der Naziterror auch in dieser Stadt gewütet hat – und fast alle Hannoveraner dazu geschwiegen haben. Das Schicksal der hannoverschen Juden in dieser Zeit fortschreitender Entrechtung wird hier ausgelassen, weil dazu in absehbarer Zeit eine auf langjährigen Studien basierende umfassende Forschungsarbeit vorgelegt werden soll. Das Jahr 1939 war auch in Hannover von Spendensammlungen der NS-Organisationen, von Aufmärschen und Parolen, von propagandistischen Siegesfanfaren und – hinter den Kulissen – von Aufrüstung und militärischen Kriegsvorbereitungen bestimmt. Verdunklung, Kartenwirtschaft, Lebensmittelbeschränkungen und die Angst um die Lieben an der Front beherrschten die Monate nach Beginn des Zweiten Weltkrieges, der auch Kinder und Jugendliche schon bald zur Generation der Geschlagenen machen sollte.

Auch über ihre Gefühle, über ihre Wünsche und Sorgen konnte ich mit Hannoveranern sprechen, über den Alltag der Stadt wird hier berichtet. Als die ersten Bomben im Mai 1940 auf Misburg und bald darauf auch auf Hannover niedergingen, da endlich hatten viele Menschen erkannt, daß die von den Nazis vielbeschworene „Heimatfront" plötzlich zur Front geworden war, an der auch Zivilisten zu Opfern wurden. Hier endet die Beschreibung. Das Elend des Krieges, die Zeit der Entbehrung und des Sterbens, ist in anderen Berichten geschildert worden.

„Wir müssen jede Nacht in den Keller, und den anderen Tag ist man ganz schön durchgedreht. Vielleicht kommt bald eine bessere Zeit. Dann holen wir alles nach", schrieb ein hannoversches Ehepaar im Juli 1940 an die Verwandtschaft in Celle. Eine Illusion, wie so vieles, was am Vorabend des Zweiten Weltkrieges und nach den ersten „Blitzsiegen" vor nunmehr fünfzig Jahren in Hannover zu lesen und zu hören war. In jenem ganz normalen Jahr 1939 . . .

2. Sonder-Ausgabe

Hannoverscher Anzeiger

Freitag, den 1. September 1939

Einzelnummer 10 Rpf.

Reichstag zusammengetreten
Danzig wieder deutsch

Adolf Hitler dankt dem Danziger Gauleiter — Forster Chef der Zivilverwaltung

Der Deutsche Reichstag tritt heute vormittag 10 Uhr zur Entgegennahme einer Erklärung der Reichsregierung zusammen. Die Sitzung des Reichstages wird auf alle deutschen Sender übertragen.

DNB. Danzig, 1. September.

Gauleiter Forster hat an den Führer folgendes Telegramm gesandt:

„Mein Führer! Ich habe soeben folgendes Staatsgrundgesetz, die Wiedervereinigung Danzigs mit dem Deutschen Reich betreffend, unterzeichnet und damit in Kraft gesetzt:

Zur Behebung der dringendsten Not von Volk und Staat der Freien Stadt Danzig erlasse ich folgendes Staatsgrundgesetz:

Artikel 1: Die Verfassung der Freien Stadt Danzig ist mit sofortiger Wirkung aufgehoben.

Artikel 2: Alle Gesetzesgewalt und vollziehende Gewalt wird ausschließlich vom Staatsoberhaupt ausgeübt.

Artikel 3: Die freie Stadt Danzig bildet mit sofortiger Wirkung mit ihrem Gebiet und ihrem Volke einen Bestandteil des Deutschen Reiches.

Artikel 4: Bis zur endgültigen Bestimmung über die Einführung des deutschen Reichsrechtes durch den Führer bleiben die gesamten Gesetzesbestimmungen außer der Verfassung, wie sie im Augenblick des Erlasses dieses Staatsgrundgesetzes gelten, in Kraft.

Danzig, den 1. September 1939.

(gez.) Albert Forster
Gauleiter.

Ich bitte Sie, mein Führer, im Namen Danzigs und seiner Bevölkerung diesem „Staatsgrundgesetz" Ihre Zustimmung zu geben und durch Reichsgesetz die Wiedereingliederung in das Deutsche Reich zu vollziehen. In Ergebenheit gelobe ich Ihnen, mein Führer, Danzig unvergängliche Dankbarkeit und ewige Treue.

Heil Ihnen, mein Führer!

(gez.) Albert Forster
Gauleiter.

DNB. Berlin, 1. September.

Der Führer hat an Gauleiter Forster folgendes Telegramm gerichtet:

An Gauleiter Forster, Danzig.

Ich nehme die Proklamation der Freien Stadt Danzig über die Rückkehr zum Deutschen Reich entgegen. Ich danke Ihnen, Gauleiter Forster, allen Danziger Männern und Frauen für die unentwegte Treue, die Sie durch so lange Jahre gehalten haben.

Großdeutschland begrüßt Sie aus übervollem Herzen. Das Gesetz über die Wiedervereinigung wird sofort vollzogen.

Ich ernenne Sie zum Chef der Zivilverwaltung für das Gebiet Danzig.

Berlin, 1. September 1939.

Adolf Hitler.

Der Führer an die Wehrmacht

„Ich erwarte, daß jeder Soldat, eingedenk der großen Tradition des ewigen deutschen Soldatentums, seine Pflicht bis zum Letzten erfüllen wird."

DNB. Berlin, 1. September.

An die Wehrmacht!

Der polnische Staat hat die von mir erstrebte friedliche Regelung nachbarlicher Beziehungen verweigert; er hat stattdessen an die Waffen appelliert.

Die Deutschen in Polen werden mit blutigem Terror verfolgt, von Haus und Hof vertrieben. Eine Reihe von für eine Großmacht unerträglichen Grenzverletzungen beweist, daß die Polen nicht mehr gewillt sind, die deutsche Reichsgrenze zu achten. Um diesem wahnwitzigen Treiben ein Ende zu bereiten, bleibt mir kein anderes Mittel, als von jetzt ab Gewalt gegen Gewalt zu setzen.

Die deutsche Wehrmacht wird den Kampf um die Ehre und die Lebensrechte des wiedererstandenen deutschen Volkes mit harter Entschlossenheit führen.

Ich erwarte, daß jeder Soldat, eingedenk der großen Tradition des ewigen deutschen Soldatentums, seine Pflicht bis zum Letzten erfüllen wird.

Bleibt euch stets und in allen Lagen bewußt, daß ihr die Repräsentanten des nationalsozialistischen Großdeutschland seid!

Es lebe unser Volk und unser Reich!

Berlin, 1. September 1939.

Adolf Hitler.

Verbot des gesamten Luftverkehrs über deutschem Hoheitsgebiet

DNB. Berlin, 1. September.

Auf Verordnung des Reichsministers für Luftfahrt und Oberbefehlshabers der Luftwaffe vom heutigen Tage wird unter Aufhebung aller bisher ergangenen Anordnungen der gesamte Luftverkehr mit in- und ausländischen Luftfahrzeugen mit deutschem Hoheitsgebiet mit sofortiger Wirkung verboten. Diese Verordnung findet auf Luftfahrzeuge, die im Dienst der deutschen Wehrmacht verwendet werden, und auf Regierungsflugzeuge keine Anwendung. Zuwiderhandelnde setzen sich der Gefahr der Beschießung aus.

Deutsche Konsulate geschlossen

Die Konsuln nach Warschau gebracht

AD. Berlin, 1. September.

Die deutschen Konsulate in Lemberg und Teschen sind von den polnischen Sicherheitsbehörden zwangsweise geschlossen und die Konsuln zur Uebersiedlung nach Warschau genötigt worden. Gegen die polnische Forderung zur Schließung der beiden Konsulate sind, wie wir hören, seitens des Auswärtigen Amtes Vorstellungen bei der polnischen Regierung erhoben worden.

Der deutsche Vorschlag

Sofortige Rückgabe von Danzig — Volksabstimmung im Korridor
Polen lehnt Verhandlungen ab

Berlin, 1. September.

Die Königlich Britische Regierung hat sich in einer Note vom 28. 8. 1939 gegenüber der Deutschen Regierung bereit erklärt, ihre Vermittlung in direkten Verhandlungen zwischen Deutschland und Polen über die strittigen Probleme zur Verfügung zu stellen. Sie hat dabei keinen Zweifel darüber gelassen, daß auch ihr angesichts der fortdauernden Zwischenfälle und der allgemeinen europäischen Spannung die Dringlichkeit des Vorganges bewußt wäre. Die Deutsche Regierung hat sich in einer Antwortnote vom 29. August 1939 trotz ihrer skeptischen Beurteilung des Willens der polnischen Regierung, überhaupt zu einer Verständigung zu kommen, im Interesse des Friedens bereit erklärt, die englische Vermittlung bzw. Anregung anzunehmen. Sie hat unter Würdigung aller der zur Zeit gegebenen Umstände es für nötig erachtet, in dieser ihrer Note darauf hinzuweisen, daß, wenn überhaupt die Gefahr einer Katastrophe vermieden werden solle, dann schnell und unverzüglich gehandelt werden muß. Sie hat sich in diesem Sinne bereit erklärt, bis zum 30. August 1939 abends einen Beauftragten der polnischen Regierung zu empfangen unter der Voraussetzung, daß dieser auch wirklich bevollmächtigt sei, nicht nur zu diskutieren, sondern Verhandlungen zu führen und abzuschließen.

Die deutsche Regierung hat weiter in Aussicht gestellt, daß sie glaubt, bis zum Eintreffen dieses polnischen Unterhändlers in Berlin der britischen Regierung die Grundlagen ihres Verständigungsangebotes ebenfalls zugänglich machen zu können. Auf eine Erklärung über das Eintreffen einer autorisierten polnischen Persönlichkeit erhielt die Reichsregierung als Antwort auf ihre Bereitschaftserklärung die Nachricht der polnischen Mobilmachung und erst am 30. August 1939 um 12 Uhr nachts eine mehr allgemein gehaltene britische Versicherung der Bereitwilligkeit, ihrerseits auf den Beginn von Verhandlungen hinzuwirken zu wollen. Trotzdem durch das Ausbleiben des von der Reichsregierung erwarteten polnischen Unterhändlers die Voraussetzung entfallen war, der britischen Regierung noch eine Kenntnis über die Auffassung der deutschen Regierung in bezug auf die Verhandlungsgrundlagen zu geben, da die britische Regierung ja selbst für direkte Verhandlungen zwischen Deutschland und Polen plädiert hatte, gab Reichsaußenminister von Ribbentrop dem britischen Botschafter anläßlich der Wiedergabe der letzten englischen Note eine genaue Kenntnis des Wortlautes der für den Fall des Eintreffens des polnischen Bevollmächtigten als Verhandlungsgrundlage vorgesehenen deutschen Vorschläge.

Die deutsche Regierung glaubt ein Recht darauf zu haben, daß unter diesen Umständen mindestens nachträglich die sofortige Benennung einer polnischen Persönlichkeit stattfinden würde. Denn es ist fortgesetzt die Bereitwilligkeit zur Inangriffnahme solcher Verhandlungen nicht nur zu betonen, sondern dafür auch bereit zu sitzen, von der polnischen Seite aber nur mit leeren Vorschlägen.

Wood bei Chamberlain

Der englische König besucht die Admiralität

AD. London, 1. September.

Luftfahrtminister Sir Kingsley Wood suchte gestern nachmittag den Premierminister auf. Innenminister Sir Samuel Hoare hatte am Vormittag den Premierminister aufgesucht. Etwa eine halbe Stunde später trat Verteidigungsminister Lord Chatfield in Downingstreet 10 ein. Der englische König besuchte in Begleitung des Herzogs von Kent die Admiralität.

Verantwortlich für den gesamten Inhalt: Dr. Fritz Brühl. — Druck und Verlag: „Hannoverscher Anzeiger", Madsack & Co., Hannover.

Inhalt

7   Ein Pastor wollte nicht schweigen
November bis Dezember 1938

13   Feiern wurde großgeschrieben
Januar bis April 1939

25   Die Stadt war eine Rüstungsschmiede
Mai bis Juli 1939

35   Der Pakt mit Stalin wirkte wie ein Schock
August 1939

39   Am X-Tag füllten sich die Kasernen –
Mobilmachung
25. bis 31. August 1939

55   Die Glocken schwiegen – Die Sirenen heulten
September 1939

71   Frauen waren „Notnagel" für den Arbeitsmarkt
Oktober bis Dezember 1939

85   Ein harter Winter und die ersten Bomben
Januar bis Mai 1940

93   Nachwort

94   Quellenverzeichnis

Die Synagoge in der Bergstraße – Zentrum jüdischen Lebens in Hannover – wurde von den Nazis in der Nacht vom 9. zum 10. November 1938 in Brand gesteckt und kurz darauf gesprengt.

Ein Pastor wollte nicht schweigen

November bis Dezember 1938

Am Morgen des 13. November 1938 – einem trüben Sonntagmorgen – steigt Pastor Heinrich Brinkmann auf die Kanzel der St.-Markus-Kirche in der List, um der Gemeinde über ein Paulus-Wort an die Thessalonicher zu predigen. Schon nach wenigen Minuten ahnen die Gläubigen, daß es ihr zur Bekennenden Kirche zählender Pfarrer nicht bei theologischen Auslegungen des Bibeltextes belassen, sondern Stellung beziehen will. „Es zittert in uns allen wohl noch etwas von der Erregung, die unter den Geschehnissen der letzten Tage über unser Volk wie über uns alle gekommen ist. Wir wissen ganz genau: Es ist in der Kirche nicht der Ort, daß wir zu den Ereignissen im politischen Raum auf politische Weise Stellung nehmen", ruft Brinkmann von der Kanzel. „Wir wissen aber auch das andere ebenso genau: Es ist hier in der Kirche wohl der Ort, daß wir mit alledem, was unser Volk und unser Herz bewegt und umtreibt, uns beugen unter das Wort Gottes, des Gottes, von dem nun gerade der Text des heutigen Sonntags uns sagen will, daß Er der Welten Herr und Richter ist."

Vier Tage zuvor hatte in der Progromnacht, der sogenannten Reichskristallnacht, die „Orgie der Unmenschlichkeit" auch in Hannover Opfer gefordert. Mit brutalem Terror waren SS-Verbände nach jahrelangen Demütigungen über die in Hannover lebenden Juden hergefallen, hatten die Synagoge an der Bergstraße in Brand gesteckt und 94 jüdische Geschäfte in der Stadt ebenso wie 27 Häuser und Wohnungen von Juden demoliert. Am Morgen des 11. November mußten 275 der festgenommenen Juden unter Polizeibewachung gegen 6.15 Uhr zum Hauptbahnhof marschieren, von wo aus sie in Waggons in das Konzentrationslager Buchenwald bei Weimar transportiert wurden.

Angesichts dieser Willkürakte will Pastor Brinkmann von der Markuskirche nicht schweigen. Man sei „erschüttert von der unseligen Mordtat, in der ein Haß gegen unser Deutschland sich Luft machen wollte, der auch vorm Letzten nicht zurückschreckt", erklärt Heinrich Brinkmann von der Kanzel. Damit bezieht er sich auf die Ermordung des deutschen Botschaftsangehörigen Ernst vom Rath in Paris durch den aus Hannover stammenden 17 Jahre alten Herschel Grünspan. Diese Bluttat war den Nazis Begründung für ihren Rachefeldzug gegen die deutschen Juden. Der damit „entfesselte Sturm" habe allerdings, so schleudert der mannhafte Geistliche aus der List seiner Gemeinde entgegen, auch vor Unschuldigen nicht Halt gemacht. Ungeachtet möglicher Spitzel der Partei im Gottesdienst, stellt Brinkmann die Frage, in was für einer Welt man lebe. „In einer Welt, die mit Bewußtsein und trotziger Entschlossenheit ihren eigenen Gesetzen folgen will, und damit dem Gesetze Gottes sich entziehen und vom Gesetze Gottes nichts wissen will." Er schließt seine Predigt vor den Gemeindegliedern, von denen sich viele erschrocken ansehen, mit den Worten: „Der Weg des Glaubens durch die Anfechtung, das ist der Weg der Zukunft." Heinrich Brinkmann gehört zu den wenigen Geistlichen Hannovers, die auch nach fünfeinhalb Jahren NS-Diktatur noch den Mut aufbringen zu widerstehen, das Wort Gottes in der Bedrohung über den Ungeist nationalsozialistischer Allmacht zu stellen. Der 29 Jahre alte Geistliche wird als einer der ersten Pastoren aus Hannover zum Polenfeldzug einberufen, wo er vor Warschau verwundet wird. Als späterer Divisionspfarrer fällt Heinrich Brinkmann 1942 in Rußland.

Keine 24 Stunden nach dieser couragierten Predigt in der List rückten Hunderte von jungen Männern zur Ableistung ihrer zweijährigen Dienstpflicht in die hannoverschen Kasernen der Wehrmacht ein. Am Schlagbaum zu den Unterkünften der Nachrichtenabteilung 19 in der Kaserne am Nordring rissen die künftigen Rekruten vor ihrem Oberfeldwebel und dem Kompaniehund den rechten Arm zum deutschen Gruß hoch, auf dem Hof der neuen Scharnhorstkaserne in Bothfeld sammelten sich angehende Kanoniere, das Handköfferchen fest in den Händen haltend. Die meisten von ihnen hatten den Reichsarbeitsdienst hinter sich, so daß ihnen der Befehlston hinter dem Kasernentor so ungewohnt nicht vorkam. Nach einer halben Stunde in der Kleiderkammer waren die Zivilisten zu Soldaten geworden, von nun an galten „Gehorsam und Ehrenhaftigkeit" im feldgrauen Rock. Daß viele von ihnen ein Jahr später schon den Krieg gegen Polen hinter sich haben würden, ahnte an diesem 14. November niemand.

Die Hannoveraner unter ihnen hatten schon am 2. November im „Hannoverschen Anzeiger" lesen können, was man von ihnen erwartete: „Die Ehre des Soldaten liegt im bedingungslosen Einsatz seiner Person für Volk und Vaterland bis zur Opferung seines Lebens." Kämpferischer Mut sei die höchste Tugend, „Feigheit ist schimpflich", wurde den einrückenden Zivilisten in Leitsätzen über die Pflichten des Soldaten mit auf den Weg gegeben. Tage später hechelten sie über den Kasernenhof, saßen zum erstenmal im Sattel, oder robbten durch den Staub des Übungsgeländes in der Vahrenwalder Heide.

Das harte Brot der Grundausbildung wurde am 23. November durch die feierliche Vereidigung der Rekruten aller hannoverschen Standorteinheiten auf dem Kasernenhof des Infanterieregiments 73 in Bothfeld unterbrochen. Zahlreiche Angehörige der Soldaten und Zuschauer hatten sich an diesem Morgen draußen in Bothfeld eingefunden, wo die Truppenteile inmitten eines aus Geschützen, Maschinengewehren und Gewehrpyramiden gebildeten Karrees Aufstellung genommen hatten. Um 10 Uhr schritt der Kommandeur der 19. Division, Generalleutnant Schwantes, die Front der Truppe ab, und dann gaben ein evangelischer und ein katholischer Geistlicher den Einheiten mit einem kurzen Gebet den Segen. Begleitet von dumpfem Trommelwirbel, wurden die Fahnen und Standarten in die Mitte des Platzes getragen, und vor diesen Feldzeichen legten die Rekruten den soldatischen Eid auf den Führer und obersten Befehlshaber der Wehrmacht ab, auf Adolf Hitler. Mit einem donnernden „Sieg Heil" wurde die festliche Zeremonie beendet, die Ehrenzeichen wurden von einer Fahnenkompanie unter Musikbegleitung durch die Eilenriede ins neue Generalkommando am Misburger Damm (heute Hans-Böckler-Allee) gebracht. Bis dahin hatte man sie im Stabsgebäude der 19. Division am Waterlooplatz aufbewahrt, nun aber wurden sie an der salu-

Auf Führer und Vaterland wurden junge Rekruten auf den Kasernenhöfen in Bothfeld vereidigt.

tierenden Wache und dem Kommandierenden General Wilhelm Ulex vorbei in die eigens gestaltete Fahnenhalle gebracht.

Etwa zwei Wochen nach der feierlichen Vereidigung dieses Rekrutenjahrgangs wurden weitere Zivilisten zu den Waffen gerufen. „Wir waren ein besonderer Haufen und zogen etwas später in unsere Kaserne ein", berichtet Hans Schröder. Der damals 18jährige Abiturient der Leibnizschule mußte Anfang Dezember 1938 zur Flakstammbatterie nach Bothfeld und dort seine Grundausbildung antreten. „Kaum hatten wir das Abitur in der Tasche, da wurden viele von uns im Sommer erstmals zum Reichsarbeitsdienst gerufen. Das war harte, körperliche Arbeit." Schröder wurde bei Salzgitter im Straßenbau eingesetzt. „Der Arbeitsdienst war unausweichlich, wenn wir studieren wollten. Also errichteten wir Zufahrtsstraßen zu den Reichswerken Hermann Göring." Als „reine Menschenschinderei" hat er diesen Einsatz in Erinnerung. Die Führungskräfte seien alle „gescheiterte Existenzen" gewesen, „die uns angehende Akademiker springen ließen". Damals sangen die in körperlicher Arbeit noch ungeübten Schulabgänger zur Westerwald-Melodie „O du schöner Arbeitsdienst, 25 Pfennig ist der Reinverdienst; ein jeder muß zum Arbeitsdienst, schipp, schipp, hurra". Bei mieser Unterkunft, täglichem Eintopfessen und körperlicher Rackerei mußte der Zug von Hans Schröder sogar einen Monat länger als geplant in Salzgitter schuften. „Das lag an der Sudetenkrise, bei der sie uns nicht gehen lassen wollten. Als wir Ende Oktober entlassen wurden, meinte mein Vater zu mir: ,Junge, melde dich zur Flak, es wird Krieg geben.'" Und so meldete sich Hans Schröder zur Flakstammbatterie in Bothfeld, die zum Flakregiment 36, Wolfenbüttel, gehörte. Am 24. November 1938 wurde Hannover Sitz der Heeresgruppe 6 unter dem Oberbefehl des Generals der Artillerie Günther von Kluge.

Diese von allen hannoverschen Tageszeitungen veröffentlichte Nachricht dürfte die Bürger weniger in Aufregung versetzt haben als die Mitteilung des Polizeipräsidenten, daß in den nächsten Tagen sogenannte „Selbstschutz-Vollübungen" des Reichsluftschutzbundes in allen Häusern stattfinden würden. Vorgeschrieben war die Teilnahme aller Bürger, doch viele zeigten sich ziemlich desinteressiert. Die Treppenhäuser und Wohnungen sollten verdunkelt werden, die Hausgemeinschaften in die Keller ziehen, natürlich mit Volksgasmaske, die zu diesem Zeitpunkt aber noch längst nicht jeder besaß. Schon im Herbst dieses Jahres waren zwischen vielen Häusern Durchbrüche von Keller zu Keller geschlagen, mit Stützen die Kellerdecken verstärkt worden. Wo die Durchbrüche lagen, kam mit weißer Farbe ein dickes „D" an die Wand, erinnert sich Dietrich Friese, der damals in der Rolandstraße neben dem Vahrenwalder Werk der Continental AG wohnte. Ein weißes „LSR" kennzeichnete die Existenz eines Luftschutzraumes, von denen in den vergangenen Monaten bereits viele in Wohnhäusern und öffentlichen Einrichtungen ausgebaut worden waren.

An Soldaten und Militäreinrichtungen waren die Hannoveraner aus langer Tradition gewöhnt, und die Notwendigkeit eines effektiven Luftschutzes war ihnen schon seit 1933 in unzähligen Aufrufen immer wieder eingehämmert worden – entsprechend desinteressiert und unwillig kamen sie dieser lästigen Pflicht nach.

Das Elend der Juden berührte vielleicht, doch ließ man es sich nicht anmerken. „Die Angst, die eigene Meinung noch laut zu sagen, saß bei vielen ganz tief. Wenn es um die Juden ging, schaute man lieber weg", erinnert sich Hildegard Franzenburg, und so wie sie dachten die meisten. „Kein Jude mehr auf deutschen Hochschulen", „Alle jüdischen Apotheken arisiert" oder „Ausgehverbot für die Juden" – mit solchen und ähnlichen Schlagzeilen waren die Zeitungen tagtäglich voll; auch in Hannover war die systematische Diskriminierung jüdischer Mitbürger kein Akt, der sich hinter verschlossenen Türen abgespielt hat. 4830 Juden waren nach der Machtübernahme durch die Nationalsozialisten 1933 in Hannover registriert. Doch durch Ausreisen und „zwangsweise Abschübe" hatte sich der Anteil der jüdischen Bevölkerung schrittweise reduziert, im Mai 1939 waren in Hannover nur noch 2271 Einwohner jüdischen Glaubens amtlich vermerkt.

Ende November begannen die Vorbereitungen auf das letzte Weihnachtsfest im Frieden. Aus dem Sauerland, aus Oberfranken und Schleswig-Holstein rollten 80 000 Weihnachtsbäume in die Stadt. Unter den Fichten, die an der Verteilerstelle auf dem Bahnhof Möhringsberg in der Nordstadt aus den Waggons geladen wurden, befanden sich aber auch etliche aus dem Harz und dem Deister. Die Hannoveraner konnten sich an rund 300 Verkaufsständen im ganzen Stadtgebiet ihren Weihnachtsbaum auswählen, als der Verkauf am 11. Dezember begann.

Auch in der Schule wurden die Kinder auf das nahende Fest mit ideologischem Unterton vorbereitet. In einer Fibel lasen die Jungen und Mädchen damals: „Lieber Weihnachtsmann! Bringe mir doch einen Tannenbaum, auch eine Burg mit einer Zugbrücke daran, und Kanonen und Soldaten, eine Trommel, wie sie das Jungvolk hat, und einen Schulterriemen möchte ich auch gern haben. Ich wünsche mir auch eine Fahne, denn bald gehe ich in das Jungvolk." Und ganz im Sinne der NS-Propaganda, die auch die Schule fest im Griff hatte und auf Tugenden wie Volksgemeinschaft und Kameradschaftlichkeit setzte, mußte der Weihnachtsmann noch einmal herhalten: „Vergiß auch den armen Theo nicht. Ich habe noch mein SA-Heim. Das stelle ich dir hin. Bringe es ihm doch. Vielleicht hast du ein paar SA-Männer dazu. Dann wird sich Theo freuen. Heil Hitler! Dein Heini."

Im November 1938 rückte ein neuer Rekrutenjahrgang in Bothfeld ein. Bei der Nachrichtenabteilung 19 wartete auch der Kompaniehund auf die „Neuen".

Letzte Besichtigung der neuen Autobahn ins Ruhrgebiet an der Anschlußstelle in Stöcken. Im Dezember 1938 schloß sich der Autobahnring um Hannover.

Am 3. Dezember 1938 hallten fünfzehn Böllerschüsse über den Welfenplatz, mit denen der Weihnachtsmarkt eröffnet wurde. Die Hannoveraner mußten sich umorientieren: Nicht am traditionellen Platz vor der Marktkirche waren diesmal die Buden aufgebaut, sondern auf dem Welfenplatz. Ein Umzug der NS-Organisation ,,Kraft durch Freude'' führte vom Marktplatz durch die Innenstadt zum Welfenplatz, begleitet von einem Musikkorps der Schutzpolizei und von bunten Festwagen. Durch die von riesigen Nußknackerfiguren beherrschten Tore zogen Hunderte von Kindern in die neue Budenstadt, in der auch die kleinste Bude mit Tannengrün und Lametta geschmückt worden war. Doch das war nicht das Neue am Weihnachtsmarkt – Tannengrün, Bratwurstduft, bunte Kugeln und der Weihnachtsmann hatten schon immer das Bild des Marktgeschehens bestimmt. Zum ersten Mal aber wurde das festliche Ereignis von Jubel, Trubel, Heiterkeit zahlreicher Vergnügungsgeschäfte abgelöst: Riesenrad, Achterbahn, eine Autorennbahn sowie Los- und Würfelbuden, Schießstände und andere Attraktionen standen in unübersehbarem Kontrast zum ,,alten'' Weihnachtsmarkt. Das Marktgeschehen solle ein ,,wirkliches Volksfest'' werden, gab KdF-Kreiswart Tobis in seiner kurzen Begrüßungsansprache die neue Richtung an, und Stadtsyndikus Dr. Naß wurde noch deutlicher: ,,Tradition allein kann das Leben nicht ausfüllen. Aus diesem Grunde ist auch die Verlegung des Weihnachtsmarktes notwendig geworden. Wir wollen der Fröhlichkeit zum Siege verhelfen.''

Es sollte ein bitterkaltes Weihnachtsfest werden, doch ehe am 19. Dezember das Thermometer auf zehn Grad unter Null sackte und kurz darauf der erste Schnee über der Stadt rieselte, stand den Hannoveranern noch ein Großereignis bevor. Nachdem Anfang 1937 die Autobahn zwischen Berlin und Hannover vollendet worden war, wurde nun auch das Anschlußstück von Hannover nach Bad Nenndorf fertiggestellt. Am Abend des 17. Dezember wurde dieses Teilstück der künftigen Strecke von Berlin ins Ruhrgebiet, an deren Band sich Jahre später die alliierten Bomberverbände auf ihrem Weg in die Reichshauptstadt orientierten, feierlich eröffnet. Die Schließung des Autobahnringes um Hannover mit den Anschlußstellen Hannover-Ost, Flughafen und Herrenhausen hatte Auswirkungen auf den innerstädtischen Verkehr. Rund 6000 bis 7000 Lastwagen konnten auf ihrem Weg nach Westen mit einem Schlag aus Hannover verbannt und auf die Umgehungsstrecke gelenkt werden.

Entsprechend würdig sollte die Eröffnung der Strecke vor sich gehen, zu der sich Gauleiterstellvertreter Kurt Schmalz eine bis dahin einmalige Zeremonie ausgedacht hatte: Fackelträger standen entlang der 34 Straßenkilometer bis Bad Nenndorf ,,auf nächtlicher Wacht'' Spalier. Die 2000 Bauarbeiter lud man zunächst zum Festschmaus in die Zoogaststätten und in den Lister Turm ein, bereitete ihnen dann im Kuppelsaal der Stadthalle ,,2 Stunden Frohsinn'' mit dem Opernhausballett und karrte sie schließlich zur Auffahrt Hannover-Ost, wo ein mit Tannenbäumen geschmücktes Rednerpodest auf der Brücke stand. Schmalz würdigte die Bauleistung als ,,Zeichen der Hochachtung für den Führer'', sprach von einem ,,neuen Band'', das sich ,,von Gau zu Gau schlingt'' (gemeint waren die Gaue Süd-Hannover-Braunschweig und Westfalen-Nord) und betonte, das Netz der Reichsautobahnen werde ,,das Reich im Innern und nach außen stark und unantastbar'' machen. Danach setzte sich der Gauleiterstellvertreter in seinen Dienst-Mercedes, der Kühler durchtrennte das weiße Band, und die endlose Kette eines Autokonvois rollte über die von Fackeln erhellte Strecke nach Westen.

Kurz nach diesem Akt hielten der einbrechende Winter und das Weihnachtsfest die Hannoveraner fest im Griff. In Hannover wurde es Tage vor dem Heiligabend immer kälter. Die letzten Weihnachtseinkäufe in den Geschäften und Kaufhäusern – das von Sternheim & Emanuel auf der Osterstraße wurde gerade ,,arisiert'' – mußten erledigt werden, auf den Seen und Teichen drehten die Kinder erste Schlittschuhrunden, und die Lichtspielhäuser lockten mit auffallenden Anzeigen in ihre Festvorstellungen. Im Gloria-Palast auf der Hildesheimer Straße zog Ingrid Bergman in ,,Walpurgisnacht'' die Besucher in ihren Bann, im Palasttheater waren Gustav Fröhlich und Camilla Horn ,,In geheimer Mission'' unterwegs, und die hannoverschen Truppenverbände luden bedürftige Familien in die Kasernen ein, um die Kinderherzen mit zahlreichen kleinen Überraschungen „im Sturmangriff" zu erobern. Frühzeitig stellte man sich an den Kassen des Opernhauses und des Schauspielhauses an, um Karten für die „Meistersinger von Nürnberg", für „Rigoletto", „Peer Gynt" oder den „Bettelstudent" zu ergattern.

In vielen Wohnhäusern der Altstadt froren bei klirrender Kälte Wasserleitungen ein, und im Lindener Hafen hingen damals die ersten Binnenschiffe zwischen dicken Eisschollen fest. Auf dem Klagesmarkt mußten die auf die letzten Käufer wartenden Tannenbäume am 24. Dezember von einer dicken Schneedecke freigeschüttelt werden. Während man sich in den Wohnstuben Dr. Oetkers Christstollen schmecken ließ und die Hausfrauen Selbstgebackenes auf den Tisch brachten – Butter war schon seit 1936 rationiert und auch zum Fest nur schwer zu erhalten –, besuchte Gauleiterstellvertreter Schmalz „im Zeichen der Volksweihnacht" mehrere Feiern des Winterhilfswerkes für sozial schwache Familien. „Wir alle in Deutschland können uns in diesem Jahr zum erstenmal wieder freuen auf das Weihnachtsfest. Es soll für uns ein wahres Fest des Friedens sein", hatte Adolf Hitler in Berlin erklärt, und in diesem Sinne sprach auch Schmalz bei Feiern in den NSDAP-Ortsgruppen Klagesmarkt, Ricklingen, Küchengarten und anderswo über die „deutsche Weihnacht". Erstmals könne man das Fest in einem geeinten Großdeutschen Reich begehen, meinte Schmalz, was die erwartungsfrohen Jungen und Mädchen vor den Gabentischen kaum beeindruckt haben dürfte.

„Es war noch ein ganz normales Fest, wenn auch die Lebensmittelknappheit in einigen Bereichen schon 1937 und 1938 eingesetzt hatte", meint Hildegard Franzenburg, die damals mit ihren Eltern direkt neben der Aegidienkirche wohnte. Die meisten Menschen schoben den Gedanken an neue politische Spannungen oder gar an Krieg weit von sich, zumal Deutschland die Krisen der vergangenen Monate „friedlich" überstanden hatte. „Die politischen Erfolge Hitlers im Jahre 1938 wurden von uns Schülern einmütig begrüßt. Es erfüllte uns mit Stolz, Angehörige des Großdeutschen Reiches zu sein", bestätigt Hermann Rust, zu jener Zeit Gymnasiast der Goetheschule. Der Einmarsch der deutschen Wehrmacht in Österreich am 12. März 1938, die „Friedenskonferenz von München" zwischen Hitler, Chamberlain, Daladier und Mussolini am 29. September und der Einmarsch der deutschen Truppen ins Sudetenland zum 1. Oktober hatten den Anschein erweckt, als sei Hitlers Hunger nach „Grenzkorrekturen" nun gedeckt. Schließlich hatten auch die Hannoveraner am 26. September vor den Volksempfängern gehangen und von Hitler im Berliner Sportpalast gehört, daß er nach Abtretung der Gebiete im Sudetenland nun keine territorialen Forderungen mehr an Europa habe.

Man gab sich einer trügerischen Ruhe hin bei diesem letzten Vorkriegsweihnachtsfest, und höchstens in Familien von Kommunisten oder ehemaligen Sozialdemokraten wurde Pessimismus geäußert. „Als die Juden abgeholt waren, da sagte Mutter schon: Jetzt ist es aus. Jetzt gibt es Krieg", erinnert sich Gerda Sauthoff, deren Vater SPD-Gewerkschaftssekretär war und 1936 von den Nazis in Hildesheim totgeschlagen wurde. Und Käthe Brenner denkt noch daran, daß der Chef eines Dentalbüros, in dem sie 1938 gearbeitet hatte, im vertrauten Kreis einmal offen geäußert hatte: „Je mehr die vom Frieden reden, je näher kommen wir dem Krieg."

Der „Hannoversche Anzeiger" beschloß das Jahr 1938 in seiner Silvesterausgabe mit einem Rückblick auf die Erfolge der vergangenen zwölf Monate. 1938 werde als „Jahr des Straßenbaues" in die Annalen der Stadtgeschichte eingehen, hieß es darin. Der Ernst-August-Platz hatte ein neues Gesicht bekommen, die Haltenhoffstraße war endlich als lange gewünschte Verbindung zwischen der Nordstadt und Hainholz nach Herrenhausen entstanden, und der neue Niedersachsenring trug zur Verkehrsentlastung in der Oststadt und in der List bei. Auch die Wunstorfer Straße, die Beneckeallee, die Mecklenheidestraße und der Altenbekener Damm sind unter die Straßenbauprojekte dieses Jahres einzureihen, ein Jahr, in dem auch zur Behebung des „noch immer bestehenden Wohnungsmangels" viel geleistet worden war. Insgesamt 3100 neue Wohnungen waren im Kleefelder Heideviertel, im Harzer Viertel, in Herrenhausen sowie in Hainholz und Badenstedt aus dem Boden gestampft worden. Einer der Höhepunkte des neuen städtebaulichen Bildes war die Fertigstellung des „Aue-Parkes" am Annateich in Kleefeld gewesen. SS-Standartenführer Henricus Haltenhoff, der im Jahr zuvor den langjährigen Oberbürgermeister Arthur Menge im Amt abgelöst hatte, betonte in seinem Jahresschlußwort an die Hannoveraner, der Wohnungsbau werde 1939 die dringendste Aufgabe sein.

Mit Leuchtraketen, Böllerschüssen, Papierschlangen und Konfetti begrüßten die Hannoveraner in der Silvesternacht das neue Jahr. In das Krachen dieser Stunde mischten sich auch die Sirenen zahlreicher Fabriken, deren Klang kaum neun Monate später von dem Schrillen der Luftschutzsirenen abgelöst werden sollte.

Opernhaus und Georgstraße waren bei Partei und Wehrmacht als Aufmarsch- und Paradeplatz besonders geschätzt. Eine Szene vom „Führer-Geburtstag" am 20. April 1939.

Feiern wurde großgeschrieben

Januar bis April 1939

Frühmorgens am Neujahrstag ließ die Wehrmacht von sich hören. Schlag sieben Uhr in der Früh wurde zunächst an allen Standorten bei der traditionellen Fahnenparade die Reichskriegsflagge aufgezogen, ehe sich der berittene Zug der Fahrabteilung 24 aus der Schackstraße zum ,,Großen Wecken'' durch die Stadt aufmachte. Wo die Reiter mit dem Trompeterkorps vorbeizogen, war an Schlaf kaum noch zu denken, und an vielen offenen Fenstern begrüßten winkende Hannoveraner die friedlich vorbeiziehende Truppe. In den nächsten Tagen erschienen Dutzende von Neujahrsadressen an Führer, Partei und Wehrmacht, die SA hielt in Hannover Appelle ab, und Gauleiterstellvertreter Kurt Schmalz gab im Verordnungsblatt für den Gau Süd-Hannover-Braunschweig die Parole für 1939 aus: ,,Nicht ruhen und rasten, sondern neuer Kampf und erhöhte Einsatzbereitschaft für unsere Bewegung, für das Großdeutsche Reich und für den Führer.''

Im gemeinsamen Gemeindeblatt der Nazareth- und der Bugenhagenkirchengemeinde lasen sich die Neujahrsglückwünsche mit anderer Betonung. Man könne ,,unserem Gott gar nicht genug danken, daß er unserem Führer gelingen ließ, der Welt den Frieden zu erhalten''. Doch der äußere Frieden sei nicht die einzige Säule, auf denen ,,Volksgemeinschaft'' ruhe, denn ein Haus könne auch von innen Risse bekommen. Es seien ,,viele Hände am Werk'', um das christliche Haus zu zerstören, schrieb Pastor Brammer an die Gläubigen, und er bedauerte, daß die Zahl der Kirchenaustritte noch nie so hoch gewesen sei wie im vergangenen Jahr. ,,Unser christlicher Glaube ist so stark aus dem öffentlichen Leben ausgeschaltet worden, wie wir es nicht für möglich hielten'', kritisierte der Geistliche in offenen Worten. Am Ende seiner Neujahrsgrüße wünschte er sich ,,ein Deutschland mit Christus'', denn das sei ,,das schönste Geschenk, das wir unserem Führer machen können bei seinem Bemühen um den Aufbau unseres Volkes''.

Für christliche Besinnung blieb in der Presse in den ersten Tagen des neuen Jahres wenig Raum. Die Hannoveraner konnten mitverfolgen, wie der spanische General Franco auf die ,,rote Metropole'' Barcelona vorrückte und wie die japanischen Truppen ihren siegreichen Feldzug gegen China fortsetzten. Die schneidende Kälte des Jahreswechsels hielt unvermindert an, und auf der Ihme bei Ricklingen mußten von Mitgliedern der Technischen Nothilfe immer wieder Eisbarrieren gebrochen werden, um die Überflutung angrenzender Wohngebiete zu verhindern. Nichts Besonderes, denn Eisschollen hatten schon häufig die Ihme blockiert.

Mitte Januar erhielten die hannoverschen Truppen für einige Wochen ,,Verstärkung'' von Rekruten aus Österreich und dem Sudetenland, die auf dem Hof der Scharnhorstkaserne auf den Führer vereidigt wurden und dann bei der Panzerabwehrabteilung 19 in der Cambraikaserne ihre Ausbildung erhielten. Für viele von ihnen, die im österreichischen Bundesheer früher eine ziemlich ,,ruhige Kugel'' geschoben hatten, war der ,,preußische Drill'' ungewohnt, doch abends herrschte auf den Stuben ,,Wiener Gemütlichkeit''. Jedenfalls wurde das den Zeitungsredakteuren versichert . . .

Im Rathaus verlieh Gauleiter Reichsminister Bernhard Rust die ersten hundert Ehrenbücher an kinderreiche Familien und lobte den Kinderreichtum als ,,praktischen Nationalsozialismus''. Daß viele dieser so geehrten Familien auch 1939 noch auf zeitgemäße Wohnungen warten mußten, wurde bei diesem Festakt natürlich nicht erwähnt. Wohl aber später, als Oberbürgermeister Henricus Haltenhoff am 10. März in vertraulicher Runde bestätigte, daß noch immer ein ,,objektiver Fehlbestand von 5900 Wohnungen'' herrsche. Wenn es gelinge, jährlich etwa 1000 Neubauwohnungen zu errichten, so könne der Fehlbestand in absehbarer Zeit beseitigt werden, meinte Haltenhoff. Anfang des Jahres zählte die Stadt 470 200 Bewohner, 8000 mehr als noch ein Jahr zuvor.

Meldungen darüber, was den noch in Hannover lebenden Juden erlaubt war oder von welchen Stellen im öffentlichen Leben sie bereits ausgeschaltet waren, tauchten im Gegensatz zu den vergangenen Monaten kaum mehr auf. Dafür annoncierten die Firmen Heutelbeck und Magis, daß sie die jüdischen Firmen Hirschfeld sowie Sternheim & Emanuel übernommen hätten. Wo das Reich seine ,,asozialen Elemente'', Juden, Oppositionelle und gewöhnliche Verbrecher untergebracht hatte, erfuhren die Bürger aus einer Rundfunkrede des Reichsführers SS und Chef der deutschen Polizei, Heinrich Himmler, Ende Januar: in Konzentrationslagern. Das KZ sei „sicherlich eine scharfe und strenge Maßnahme. Harte, neue Werte, schaffende Arbeit, ein geregelter Lebenslauf, eine unerhörte Sauberkeit im Wohnen, ein tadelloses Essen und eine strenge, aber gerechte Behandlung" hätten die Häftlinge dort zu erwarten, ließ Himmler seine Volksgenossen wissen. Hannoveraner, die diesen Aufenthalt hinter sich gebracht hatten und wieder nach Hause zurückkehren durften, schwiegen, mußten schweigen. „Nur hinter vorgehaltener Hand im engsten Freundeskreis hörte man manchmal, wie schrecklich das gewesen sein muß", erinnert sich Käthe Brenner an Erzählungen inhaftierter Freunde. Auch Anneliese Pansy, die ebenfalls aus einem sozialistisch geprägten Elternhaus stammte, hörte damals, daß hier und da jemand verschwunden sei. „Da sprach man nicht darüber, denn sonst wurde gleich mit den Lagern Moringen und Liebenau gedroht."

Am Abend des 30. Januar 1939, einem Montag, verfolgten die Großstädter an den „Volksempfängern" eine Ansprache Hitlers anläßlich der Machtergreifung sechs Jahre zuvor. Damit die Kameradschaftsfeiern in den SA-Heimen nicht pünktlich um Mitternacht enden mußten, verfügte Polizeipräsident Geyer stillschweigend die Hinausschiebung der Polizeistunde auf 5 Uhr. Einige Tage danach wurden auf dem Klagesmarkt im Fackelschein bei pathetischen Ansprachen 200 neue SA-Männer der Standarte 73 Dincklage und der Reiter-Standarte 61 vereidigt.

Im Februar und in den folgenden Monaten häuften sich in Presse und Rundfunk Aufrufe, Hinweise und Ankündigungen zu Problemen des Luftschutzes. Ein Thema, das schon bald von entscheidender Bedeutung für die Zivilbevölkerung werden sollte, Anfang des Jahres 1939 von vielen Hannoveranern aber noch nicht ernstgenommen worden ist. „Wir mußten mit der Hausgemeinschaft zu Luftschutzübungen in die Langensalzastraße. Wenn ich da aus einem Lehrgang kam, habe ich mich gefragt, was das soll. Warum sollte ich lernen, wie man nach Luftangriffen Verwundete bergen und versorgen soll, wo uns doch Hermann Göring versprochen hatte, daß kein feindliches Flugzeug unseren Luftraum erreichen würde. Das hat uns doch die Propaganda eingetrichtert." Wie Helga Jackolis dachten damals zahlreiche Bürger, obwohl die Nazis schon frühzeitig begonnen hatten, Vorbereitungen für einen umfassenden Luftschutz zu treffen.

Am 9. Mai 1933 hatte beispielsweise eine Besprechung im Rathaus stattgefunden, in deren Verlauf Studienrat Franz Bräuer aus der Lutherschule vom Magistrat und vom Oberpräsidenten zum Luftschutzbeauftragten für die meisten hannoverschen Schulen ernannt worden war. Luftschutz sollte in fast allen Fächern erörtert, Aufklärungskurse anhand von Lichtbildern und praktischen Übungen organisiert werden. Bereits 1934 mußten in sämtlichen Schulgebäuden mit Sand gefüllte Säcke für den Ernstfall bereitstehen, auf den sich das Reich 1935 mit einem Luftschutzgesetz eingehend vorbereitete. Das ganze Land wurde in Luftschutz-Landesgruppen, Bezirks- und Ortsorganisationen eingeteilt, wobei in Hannover der Polizeipräsident die Befugnisse des städtischen Luftschutzwartes übernommen hatte. In den Ortsgruppen ging die Hierarchie noch weiter nach unten: Es gab sogenannte Revier- und Untergruppen, in denen die Hausgemeinschaften eines Straßenzuges zusammengefaßt wurden und – natürlich – den Hausluftschutzwart selbst. Häufig wählte man dazu den Hausmeister, der auch für die Beschaffung von Verdunklungsmaterial für die Fenster, für die ordnungsgemäße Auszeichnung des Luftschutzkellers und für die Organisierung von Löschmitteln verantwortlich war. Neben diesem sogenannten „Selbstschutz" in der Hausgemeinschaft existierte der Werksluftschutz, für dessen Aufstellung die Firmen verantwortlich zeichneten.

In der Hanomag-Werkszeitung wurde den „Arbeitskameraden" die beruhigende Versicherung gegeben, „daß für den Ernstfall alles auf das Beste vorbereitet ist". Nach jahrelanger Ausbildung wußte jeder, sollte jeder wissen, wo im Ernstfall sein Platz war. Der Werkschutz, der sich auf ein verzweigtes Nachrichtennetz stützen konnte und mit den städtischen Dienststellen des Luftschutzes ständig in Verbindung stand, hatte auch darauf zu achten, daß an vielen Stellen der Fabrik ausreichend große Schutzräume ausgebaut waren, daß Sanitätsräume vorhanden waren und Vorsorge getroffen war, Räume zu entgiften. „Große Alarmgeräte auf den Hallen und zahlreiche kleine Alarmanlagen in den Werkstätten künden die drohende Gefahr", schilderte die Hanomag-Werkszeitung eine der vielen praktischen Übungen, von denen nicht nur die Belegschaft in Linden ein Lied singen konnte. In der Conti-Werkszeitschrift „Die Betriebsgemeinschaft" machte ein pensionierter Major Schmitz der Belegschaft mehrmals unmißverständlich klar, warum der Einsatz für den betrieblichen Luftschutz für die Gemeinschaft entscheidend war: „Der Werkluftschutz hat erst dann seinen wirklichen inneren Wert, wenn jedes Gefolgschaftsmitglied den Sinn erfaßt hat, ihm nicht mehr fremd und gleichgültig gegenübersteht, sondern sich auch ohne Zwang uneigennützig zur Verfügung stellt." Daß Luftschutz in Hannover angeraten erschien, daran hätte eigentlich niemand zweifeln dürfen: Immerhin war Hannover 1939 Divisionsstandort, einer der großen Verkehrsknotenpunkte und in der Spitzengruppe unter den industriellen Ballungszentren des Deutschen Reiches.

Für Kinder wie Jürgen Herwig aus der Nordstadt waren die sich seit Jahresbeginn 1939 häufenden Luftschutzübungen einfach nur eine „spannende Sache", während Elfriede Kautz es als ziemlich albern empfand, „daß wir zur Stöckener Schule gerufen wurden und dort üben sollten, wie man in Reih und Glied gefüllte Wassereimer weiterreichen muß". Die damals achtzehnjährige Elisabeth Stier weiß noch, wie die Hausgemeinschaft den Dachboden entrümpelte: „Überall mußten gefüllte Wassereimer auf den Fluren stehen, die Erde wurde mit Sand bedeckt, und die Feuerpatschen mußten parat liegen." Bei der Firma J. H. Becker in der Karmarschstraße konnte man sich ebenso wie in zahlreichen anderen Läden mit vorgeschriebenen Luftschutzutensilien eindecken. Eine Feuerwehraxt kostete acht Reichsmark, eine Feuerpatsche, Typ K 19, war für drei Reichsmark zu haben, eine Armbinde für den Luftschutzwart gab's für 50 Pfennig. Noch billiger war das Luftschutzverbandspäckchen, 36 Pfennig. Obwohl die Hannoveraner schon frühzeitig durch Annoncen und Aufrufe zum Kauf von Volksgasmasken aufgefordert worden waren, fehlte dieses Schutzinstrument noch in vielen Wohnungen. „Irgendwann zu Jahresbeginn 1939 mußte ich mir die Gasmaske für fünf Reichsmark in einem Lokal abholen", berichtet Gerda Hölting, Jahrgang 1913. „Als ich mit meiner kleinen Tochter ankam und ein Helfer ihr das Ding überstülpen wollte, fing sie fürchterlich an zu schreien. Um die Kleine zu trösten, sagte ich, du brauchst die Maske nicht anzuziehen. Kaum hatte ich das gesagt, kam ein Braunhemd auf mich zugestürzt und brüllte mich an, wie ich denn mein Kind erziehen würde. Da sind wir schnell weg." Wenig erfreuliche Erinnerungen an die Maskenausgabe hat auch der damals siebzehnjährige Hermann Rust, der in der Hainhölzer Straße wohnte. Um im August 1939 für seine Familie die Volksgasmasken abzuholen, suchte er das Büro der NSDAP-Ortsgruppe am Klagesmarkt auf. „Dort traf ich überwiegend Frauen an, denen von einem Parteimann diese Gasmasken angepaßt wurden. Es handelte sich um Gummimasken mit Klarsichtscheiben für die Augen und einem einschraubbaren Luftfilter für den Mund. Der Parteimann stülpte die Masken den Frauen zunächst ohne Luftfilter über. Dann nahm er einen mit einem Gewinde versehenen runden Holzstöpsel und schraubte ihn in das für den Luftfilter vorgesehene Gewinde ein. Die Folge war, daß die armen Frauen überhaupt keine Luft mehr bekamen und anfingen, mit den Armen zu rudern und mit den Füßen aufzustampfen. Der Parteimann nahm ihnen daraufhin die Masken ab und erklärte, diese Prozedur wäre eine Dichtigkeitsprüfung. Ich entzog mich ihr, indem ich selbst eine Maske aufsetzte und dem Mann zu verstehen gab, daß sie luftdicht sei und passen würde. Gott sei Dank haben meine Eltern diese Masken während des Krieges nicht benutzen müssen."

Schon Anfang 1938 hingen überall in Hannover Plakate des Reichsluftschutzbundes und der NS-Volkswohlfahrt. Die Organisationen hatten sich „zu einem großen Ziel" zusammengeschlossen: der Versorgung aller Deutschen mit Volksgasmasken. Die Maske sei, so las man, auf Befehl des Generalfeldmarschalls Göring entwickelt worden. „Der Führer will keinen Krieg. Trotzdem müssen wir aber zur Abwehr gerüstet sein." Das ganze Volk wurde aufgefordert: „Erwerbe jeder für sich und die Seinen eine Volksgasmaske!" Wenige Tage nach Kriegsausbruch im September empfahl Hannovers Oberbürgermeister seinen Mitarbeitern, die Gasmaske auf dem Wege von und zur Dienststelle bei sich zu tragen. „Um Beschädigungen zu vermeiden, wird am zweckmäßigsten die Aktentasche zum Transport benutzt." Parallel zum Selbstschutz der Häuser und zum Werksschutz gab es in der Organisation des reichsweiten Luftschutzes noch eine dritte Kategorie,

Für die Schulkinder waren die ersten Luftschutzübungen ein abwechslungsreiches Spiel.

den sogenannten „erweiterten Selbstschutz". Dessen Aufgabe war es, nach Eintritt des Krieges in öffentlichen Behörden, in Kaufhäusern und Schulen für die Aufstellung von Brandwachen zu sorgen und die öffentlichen Schutzräume zu betreuen.

In Hannover war erst relativ spät mit der Planung und dem Bau öffentlicher Schutzräume begonnen worden. Am 1. Februar 1939 teilte Polizeipräsident Geyer der Verwaltung mit, er wolle an besonders wichtigen und stark belebten Plätzen öffentliche Sonderluftschutzräume errichten lassen. Zunächst sollte ein solcher Bunker, denn etwas anderes war damit nicht gemeint, für das belebte Opernhausviertel an der Georgstraße geschaffen werden. Unter der Grünanlage südlich des Opernhauses sollte für 300 bis 500 Personen ein Luftschutzraum angelegt werden, wobei der Polizeipräsident sich als Praktiker erwies: Da der Bau erhebliche Kosten verursachen werde, sei darüber nachzudenken, ob er „im Frieden als Unterstellraum für Kraftfahrzeuge (Autogaragen)" genutzt und damit wirtschaftlicher betrieben werden könne. Der unterirdische Bunker sollte nach Ansicht des Polizeipräsidenten gleichzeitig als Schutzraum von der Belegschaft und den Besuchern des Opernhauses genutzt werden, da anderenfalls der Betrieb im Opernhaus im Kriegsfalle nicht fortgesetzt werden dürfe. Doch dieser wie auch andere Standortvorschläge wurden nicht verwirklicht, weil man am Opernhaus etliche alte Bäume nicht abholzen wollte. Erst im Laufe des späten Jahres 1939 wurden dann die ersten Großbunker in Angriff genommen. Am Hauptbahnhof und auf dem Klagesmarkt wurden Schutzeinrichtungen für 500 Menschen errichtet, viel zu wenig, wie sich nach den ersten größeren Luftangriffen auf die Stadt zeigen sollte.

Doch noch war es nicht soweit, noch schien Luftschutz für Hannoveraner wie den damals zwölfjährigen Karl Lange aus der Bethlehemstraße in Linden mehr eine Art „Volksbelustigung". „Ich war der Jüngste im Haus und sollte den Melder machen, aber niemand hat mir gesagt, wo ich im Ernstfall hinrennen sollte." Franz Pansy und seine Freunde, die in einer Gartenkolonie im Sahlkamp lebten, gingen gar nicht erst zu den angesetzten Übungen hin. „Das interessierte uns nicht", meint Pansy, „da konnte der Luftschutzwart noch so toben."

„Achtung! Luftschutzübung ‚Fliegeralarm'" – mit dieser Schlagzeile wurden die Leser des „Hannoverschen Anzeigers" und anderer Tageszeitungen am 17. Februar auf eine Bekanntmachung des Polizeipräsidenten aufmerksam gemacht. Für die Woche vom 19. bis 25. Februar war eine große Fliegeralarmübung angesetzt worden. Sobald die Sirenen ihren auf- und abschwellenden Heulton ertönen ließen, sollten Autofahrer rechts an den Straßenrand fahren und die Wagen abschließen, Pferde sollten fest angebunden, Fahrräder angeschlossen und die Straßenbahnen gestoppt und verlassen werden. Die Übung sollte von Polizeibeamten auf den Straßen kontrolliert werden – genau das geschah dann auch am Freitag, 24. Februar, kurz vor 17 Uhr. Schon nach wenigen Minuten waren die Straßen leergefegt, wer unterwegs war, hatte den nächstgelegenen Hausschutzraum aufgesucht. „Hannover hielt sozusagen den Atem an. 470 000 Menschen waren wie vom Erdboden verschluckt", meldete andertags die Presse. Nach sechs Minuten wurde Entwarnung gegeben, die erste von mehreren aufeinanderfolgenden Großübungen war beendet.

In den nächsten Wochen und Monaten stand Hannover ganz im Zeichen von Feierlichkeiten. Man hat beinahe das Gefühl, die Nazis wollten mit ihrer „Maschinerie des Gedenkens" vernebeln, was sich auf der Bühne der Weltpolitik abspielte und bedrohlich über den Köpfen der Deutschen zusammenbraute. Über dem Ballhofviertel in der Altstadt ging der letzte Richtkranz über einem Haus hoch, das den ersten Sanierungsabschnitt beenden sollte. Stadtbaurat Karl Elkart sprach von der Gesundung eines ganzen Viertels und feierte den Neu-

Der Klagesmarkt wurde zur Großbaustelle. Kurz nach Wiederbeginn wurden die ersten Bunker-Fundamente unter großen Zeltplanen gegossen.

bau von 166 und die Sanierung von 73 Wohnungen als ,,große soziale und kulturelle Tat". Der renovierte Ballhof wurde der Hitlerjugend als neues Zentrum übergeben, auch das war eine Feier mit Appell und Paradeaufmarsch wert, und daß am 12. März der letzte Eintopfsonntag des Winters auf dem Kalender eingezeichnet war, mußte ebenfalls gefeiert werden. Sechsmal stand Eintopf auf dem Speiseplan der Hannoveraner und der insgesamt 80 Millionen Volksgenossen in Deutschland. Was sie dabei an Ausgaben gegenüber anderem Essen sparten, wurde in die Sammelbüchsen der Volkswohlfahrt gesteckt. Um ,,das Gefühl inneren Stolzes" über diese Großtat – eine von vielen im unendlichen Gedankenreichtum auf der Suche nach Geld und Sachspenden der Nazis – richtig auskosten zu können, wurden die Hannoveraner an jenem 12. März zum öffentlichen Eintopfessen an zwölf verschiedene Plätze im Stadtgebiet gebeten, wo die Gulaschkanonen der Wehrmacht dampften.

Daß an diesem Sonntag sämtliche Dienstgebäude, viele Privathäuser und die Kasernen festlich geflaggt hatten, hatte einen anderen Grund: Heldengedenktag. In der Fahnenhalle der Heldengedenkstätte im Leineschloß legten Abordnungen der Wehrmacht, der Hitlerjugend und anderer Gruppierungen Lorbeerkränze zur Erinnerung an die Toten des Weltkrieges nieder. Mit klingendem Spiel zog die Wehrmacht zum nahen Waterlooplatz, wo Truppen in der fahlen Abendsonne zur Parade Aufstellung nahmen. Der General der Infanterie Wolfgang Muff erklärte vor den Einheiten und mehreren tausend Hannoveranern, erstmals seien die Flaggen nicht mehr auf halbmast gesetzt worden. Der Heldengedenktag sei ,,kein Trauertag mehr wie früher, da Deutschland am Boden lag". Inzwischen sei Deutschland wieder groß geworden, und die Wehrmachtsangehörigen gelobten, es den Gefallenen gleichzutun ,,an Pflichttreue und Manneszucht, an Tapferkeit und Einsatzbereitschaft". Und bald auch im Tod, doch das sagte der General nicht, zu dessen ausklingenden Worten überall das Glockengeläut der Kirchen einsetzte. Der Tag wurde mit einer einstündigen ,,glanzvollen Parade" aller hannoverschen Truppenteile vor dem Opernplatz beschlossen.

Drei Tage danach gab es an derselben Stelle schon wieder etwas zu feiern, wovon die Tageszeitungen in mehreren Sonderausgaben am 15. März 1939 kündeten. Am Abend zuvor hatte Hitler den tschechischen Staatspräsidenten Dr. Emil Hacha nach Berlin kommen lassen und ihm mitgeteilt, daß deutsche Truppen in Böhmen und Mähren einmarschieren werden. Hacha wurde gezwungen, einem Vertrag zuzustimmen, mit dem das ,,Reichsprotektorat Böhmen und Mähren" begründet wurde. Un-

Die Straßen leer, die Hausflure voll
Große Luftschutzübung: In 35 Sekunden war der Kröpcke-Platz menschenleer

Am Donnerstag wurde in Hannover zum erstenmal eine ,,behelfsmäßige Luftschutzübung" durchgeführt, die einen erfolgreichen Verlauf nahm.

Donnerstagabend am Kröpcke. Es ist wie an jedem anderen Tage: der Verkehrsstrom reißt nicht

Die erste behelfsmäßige Luftschutzübung war ein Erfolg auf der ganzen Linie; denn überall wurden in kürzester Frist die Straßen geräumt, überall folgte man willig den Anweisungen der in starkem Maße eingesetzten Polizeibeamten. 150 Hitler-Jungen hatten allen Grund, tätig mit dabeigewesen zu sein.   tz.

Achtung! Luftschutzübung ,,Fliegeralarm"
An einem Tage der nächsten Woche

Der Polizeipräsident teilt mit: In der Woche vom 19. bis 25. Februar findet an einem Tage eine ,,Fliegeralarmübung" statt. Die Alarmierung erfolgt durch die großen ortsfesten Alarmsirenen, durch an- und abschwellenden Heulton. Die Bevölkerung wird gebeten, sich beim Ertönen der Sirenen sofort, aber mit aller Ruhe in die Schuträume (Häuser) zu begeben. Die Fahrzeugführer fahren sofort rechts heran — Fahrräder anschließen, Pferde fest anbinden. Die

Straßenbahnen halten sofort, jedoch nicht vor Straßenkreuzungen. Fahrgäste steigen aus und begeben sich in den nächsten Schutzraum (Häuser). Der Alarm dauert etwa 15 Minuten. Die ,,Entwarnung" erfolgt durch gleichbleibenden Heulton. Die Straße darf erst nach erfolgter Entwarnung betreten werden.

Den Anordnungen der Polizeibeamten und Amtsträgern des RLB ist Folge zu leisten. Zuwiderhandlungen können Bestrafung nach sich ziehen."

Jedes Haus eine Luftschutzfestung!
Die Reichsluftschutzwoche eröffnet — Brennende Häuser auf dem Waterlooplatz

Zur Eröffnung der Reichsluftschutzwoche in Hannover wurde am Montag auf dem Waterlooplatz eine Großübung gezeigt, die das Ziel verfolgte, die Tätigkeit des Selbstschutzes darzustellen und zu beweisen, daß es ohne Ausbildung zum Luftschutz nicht geht. Aus allen Richtungen der Stadt marschierten lange Züge von Frauen und Männern heran. Sämtliche Amtsträger des Reichsluftschutzbundes und die Selbstschutzkräfte waren zugegen. Zu diesen vielen Tausenden ge-

der Selbstschutzgeräte. Eindringlich wies er auf die Gefahren hin, die durch Versäumnisse und Leichtfertigkeit entstehen können. Nur entrümpelte Dachgeschosse und eine Hand in Hand arbeitende Luftschutz-Hausgemeinschaft kann diese Gefahren bannen oder wenigstens mildern.

Am Schluß der Veranstaltung hielt Kreisleiter Schwager eine Ansprache. Er stellte noch einmal die Bedeutung des Selbstschutzes heraus und dankte

Schlagzeilen stimmten die Bevölkerung auf die Notwendigkeit des Luftschutzes ein. Nicht jeder nahm die Übungen zunächst ernst.

Fuhrwerke rollten durch Hannover, um für den „Tag der Wehrmacht" im März 1939 zu werben.

Berittene Einheiten der Fahrabteilung 24 aus der Kaserne Schackstraße paradierten über die Georgstraße.

ter der Empörung der Weltöffentlichkeit marschierte die Wehrmacht am 15. März in Prag ein, das „Münchner Abkommen" vom September 1938, in dem Deutschland die Sudetengebiete abgetreten worden waren, war endgültig gebrochen worden. „Die Besetzung von Böhmen und Mähren und die Ausrufung des Protektorats nahmen wir mit großer Überraschung zur Kenntnis, hatte doch Hitler 1938 auf dem Reichsparteitag in Nürnberg geäußert, er wolle gar keine Tschechen im Reich haben", erinnert sich Hermann Rust jener Tage im März 1939. Lautsprecherwagen fuhren am Mittwochnachmittag durch die Straßen der Stadt, und die Kreisleitung der NSDAP forderte die Bürger auf, zu einer „Freudenkundgebung" auf den Opernplatz zu kommen. Dort versammelten sich vorwiegend SA- und SS-Mitglieder, die Einheiten des Nationalsozialistischen Kraftfahrkorps und die Hitlerjugend, um dem Führer „für seine abermalige große Tat" in einem „mitreißenden Bekenntnis" zu danken. Während sich Hitler noch auf nächtlicher Fahrt nach Prag befand, bildeten seine hannoverschen Parteigänger einen Fackelzug zum Welfenplatz.

Am selben Tag übrigens, als die Stadt dem Führer vor dem Opernhaus „dankte", sahen andere Hannoveraner erschrocken in den abendlichen Himmel. Dort waren plötzlich Strahlenbündel der Flakscheinwerferabteilung aus Bothfeld aufgetaucht, die immer wieder aus der Wolkendecke niederstoßende Kampfflugzeuge im Sturzflug erfaßten und „abschossen". Schon am Nachmittag hatten Luftwaffenverbände den Flughafen in Vahrenwald „angegriffen", jetzt lag zwischen 20 und 22 Uhr der Maschsee im Fadenkreuz ihrer Angriffe. Was bald grausige Wirklichkeit werden sollte, an diesem 15. März 1939 war es als Einstimmung auf den am Wochenende bevorstehenden „Tag der Wehrmacht" gedacht. Die am Maschsee-Nordufer aufgestellten Flakgeschütze und Scheinwerferbatterien waren am Sonntag darauf in der Bothfelder Kaserne zu besichtigen. Tausende Hannoveraner waren an diesem Tag auf den Beinen, um an vielen Standorten das Programm zu verfolgen: beim Infanterieregiment 73 und beim Artillerieregiment 19 in der Sündernstraße in Bothfeld, bei der Panzerabwehrabteilung 19 in der Fliegerstraße in Wiesenau, in der Kriegsschule an der Stader Chaussee (heute Vahrenwalder Straße) oder bei der Nachrichtenabteilung 19 am Nordring. Auch die Nachrichtenabteilung 59 am Welfenplatz, die Heeresreit- und -fahrschule (ehemalige Kavallerieschule) in der Vahrenwalder Straße, die Fahrabteilung 24 an der Schackstraße und die Fahrtruppenschule am Schneiderberg hatten die Bevölkerung eingeladen. Selbst das erst Tage zuvor eröffnete moderne Heeresbekleidungsamt in der Schulenburger Landstraße in Hainholz hatte zur Besichtigung gebeten. Andrang herrschte an diesem Sonntag auch beim Flugtag auf dem Fliegerhorst Langenhagen-Evershorst, wo Teile des Geschwaders Boelcke ihr fliegerisches Können demonstrierten. Die ersten Einheiten dieses Kampfgeschwaders, das 1935 in Faßberg aufgestellt worden war, hatten im April 1936 in Hannover Einzug gehalten und die Stadt wieder zur Fliegergarnison gemacht. Nach nur 59 Tagen Bauzeit war der Flughafen Evershorst am 1. April 1936 der Luftwaffe übergeben worden.

Achtundvierzig Stunden nach den Demonstrationen von Heer und Luftwaffe mußte Oberbürgermeister Haltenhoff seiner Dezernentenrunde im Rathaus mitteilen, daß das erst 1938 von Braunschweig nach Hannover verlegte Luftgaukommando XI nach Hamburg abgegeben werden sollte. „Der Befehl ist schon erteilt, aber dafür sollen hier eine Fliegerdivision und das Kommando einer höheren Flakbefehlsstelle aufgebaut werden", verkündete Haltenhoff. Gerüchteweise war die Verlegung des Luftgaukommandos schon zu Jahresbeginn bekanntgeworden. Im Februar hatte die Verwaltung auch den Grund für die bevorstehende Maßnahme erfahren: Das Luftgaukommando Kiel war aufgehoben worden, und somit wäre das gesamte Gebiet von Hannover, Mecklenburg, Schleswig-Holstein und die Küsten dem Luftgau Hannover zugeordnet worden. Die geographische Lage Hannovers war für dieses riesige Gebiet zweifellos ungünstig, so daß das Luftgaukommando mit seinen Befehlsständen nach Hamburg verlegt werden mußte. Daß Hannover und Niedersachsen in jenen Tagen eine bedeutende Rolle für die Stationierung von Luftwaffeneinheiten und die Einrichtung von Fliegerhorsten gespielt hat, geht auch aus einem Bericht hervor, der der Parteiführung der Exil-SPD im Mai 1939 in Paris zugespielt worden war. „Der östliche Teil der Provinz Hannover wird als Aufmarschgebiet der Luftwaffe gegen England betrachtet. Die wichtigsten Flughäfen liegen östlich der Weser: Hannover, Hildesheim, Braunschweig, Celle und Lüneburg. An diesen Plätzen befinden sich auch Fliegerschulen", wurde nach Paris gemeldet. Jeder dieser Flugplätze sollte danach rund 500 Maschinen aufnehmen können, „man hat jedoch beobachtet, daß wochenlang bis zu 80 Bomber und Kampfflugzeuge in Hannover im Freien standen, für die kein Platz war". Außerdem ging aus der Meldung hervor, daß Hannover ebenso wie Holzminden, Karlshafen und das Steinhuder Meer über einen Wasserflugzeughafen verfügen würde. Dabei dürfte der heimliche Beobachter allerdings seine Phantasie spielen gelassen haben, denn daß in Hannover jemals Wasserflugzeuge gestartet oder gelandet sein sollen, dafür fehlen jegliche Belege.

Auch ein Protest bei SA-Stabschef Viktor Lutze in Berlin, in dem auf den „schweren Prestigeverlust" für die Stadt und auf wirtschaftliche Nachteile hingewiesen worden war, konnte an der mili-

Henricus Haltenhoff löste 1937 Oberbürgermeister Arthur Menge im Amt ab. In den ersten Kriegsjahren war er großem Druck der Partei ausgesetzt und mußte 1942 gehen.

tärischen Entscheidung nichts mehr ändern. Immerhin hatte Hannover als Unterstützung für die Luftwaffe die Anlage des Fliegerhorstes Evershorst und der Boelckekaserne mit 1,5 Millionen Reichsmark gefördert, wovon lediglich eine halbe Million Reichsmark zurückerstattet worden waren. Das Luftgaukommando verlegte im März 1940 endgültig seinen Standort nach Hamburg-Blankenese.

Als das seit 1923 von Litauen verwaltete Memelgebiet am 22. März 1939 ,,heim ins Reich'' zurückkehrte, da flatterten an öffentlichen Plätzen und auf Straßen ebenso wie an Tausenden hannoverschen Wohnhäusern wieder die Hakenkreuzfahnen. Flaggenstrotzend bot sich die Stadt auch am 30. März, als Tausende von Mitgliedern von Parteiformationen auf dem Opernplatz zusammenströmten, um von Kurt Schmalz zu hören, daß der Gau insgesamt 14,7 Millionen Reichsmark als Spende an das Winterhilfswerk aufgebracht habe. Am selben Tag flatterte der Richtkranz über dem neuen Standortlazarett an der Werner-Tischer-Straße (heute Britisches Militärhospital an der Gehägestraße), das 1940 das alte Lazarett an der Adolfstraße ersetzte.

Der schöne Sommer des Jahres 1939, den die Hannoveraner noch vor sich hatten, begann schon im April mit herrlichem Sonnenschein und überraschend früher Blütenpracht. An den beiden Osterfeiertagen zusammen, am 9. und 10. April, schien die Sonne nicht weniger als 27 Stunden, und die Stadt war auf den Beinen. Auf dem Maschsee fuhren die weißen Ausflugsboote, auf der Georgstraße drängten sich die Spaziergänger vor den Cafés, und bei 16 Grad Wärme ließen sich die Kinder das erste Eis schmecken. Eine Sensation hatte der hannoversche Zoo zu vermelden, denn vom 12. bis 17. April war dort ,,Happy'' zu Gast, einer von vier Pandabären, die damals weltweit in zoologischen Gärten gehalten wurden. Aus Berlin kommend, machte der Bär fünf Tage in Hannover Quartier, bevor ,,Happy'' den Wanderzirkus nach München und Paris fortsetzte. Ursprünglich wollte die Tierhandlung Ruhe, die den Zoo betrieb, vier auf einer strapaziösen Jagd in China gefangene Pandabären kaufen. Doch das zerschlug sich wegen der Seltenheit der Tiere. Als ,,Trostpflaster'' wurde ,,Happy'' dann in Hannover Tausenden von Besuchern vorgeführt.

Am 13. April wurde das Bärentheater durch Schlagzeilen über ein furchtbares Unglück an der Ottenstraße in Linden verdrängt. Eine einstürzende Mauer auf dem Grundstück einer Produktenhandlung hatte elf Kinder unter sich begraben, von denen vier nur noch tot geborgen werden konnten. Wurde zunächst als Unglücksursache Baufälligkeit angegeben, so hieß es noch am Unglücksabend, die Mauer habe dem Druck zahlreicher angelehnter Eisenträger nicht standgehalten und sei deswegen zusammengestürzt. Der vermeintlich Schuldige war schnell ausgemacht: ,,Polizeipräsident Geyer teilte mit, daß die Ursache des Einsturzunglücks in einem grob fahrlässigen Verhalten des Pächters Seligmann zu suchen ist.'' Ende Juli wurden Siegmund Seligmann und ein weiterer Angeklagter aber freigesprochen. Das Gericht war zu der Ansicht gelangt, daß Seligmann den schadhaften Zustand der Mauer nicht habe erkennen können und schloß sich dem Antrag der Verteidigung – darunter Horst Berkowitz – auf Freispruch an. Aus einem Bericht der Lindener Bethlehemkirchengemeinde nach dem Krieg geht hervor, daß die Trauerfeier für die toten Kinder ,,durch die Partei in Anspruch genommen'' worden sei, ,,wobei die Tätigkeit des zuständigen Geistlichen entgegen dem mehrfach vorgebrachten Wunsch der Angehörigen verhindert wurde''.

Wie das Osterfest vom sommerlichen Wetter verwöhnt worden war, so brannte auch die Sonne am Wochenende darauf auf 100 000 Zuschauer des Eilenriede-Motorradrennens nieder. In Anwesenheit der Spitzen von Partei, Staat und Wehrmacht drehten die Lizenzfahrer aller Klassen auf DKW- und Auto-Union-Maschinen ihre Runden zwischen Lister Turm und Steuerndieb. In den Pausen begeisterte sich die große Gemeinde der Motorsportanhänger aus dem In- und Ausland an Demonstra-

Hannovers Zentrum vor Kriegsbeginn – das Café Kröpcke war einer der beliebtesten Treffpunkte.

tionsfahrten des Hanomag-Diesel-Rekordwagens und eines Mercedes-Rennwagens. Strahlender Sieger des Rennens der 350er-Maschinen wurde Heiner Fleischmann auf einer DKW, und der „Hannoversche Anzeiger" schrieb am Tag nach dem Rennen: „Zwischen Lister Turm und Steuerndieb ist es nun wieder still geworden. Alles ist zu neuen Dingen auf dem Weg." Es scheint, als hetzten die Hannoveraner in jenen Tagen des Frühjahrs 1939 von einem zum anderen Großereignis, als ahnten sie, daß bald andere Dinge das Leben bestimmen und Freude und Vergnügen zu kurz kommen würden.

Ein weiteres Fest stand bereits am 20. April bevor: Hitlers 50. Geburtstag. „Hannover marschiert für den Führer", verkündeten die Zeitungen schon am 18. April. Zwei Tage vorher hatte der Dichter und Schriftsteller Ernst Jünger in seinem „Kirchhorster Tagebuch" die Sätze vermerkt: „Bei dieser Arbeit aus dem Fenster blickend, sah ich auf der Straße Geschütze auf Geschütze nach Osten eilen, fast wie im Krieg vor einer großen Schlacht . . ." Und weiter: „Alle Zeichen deuten auf Krieg in kurzer Zeit." Der, der ihn entfesseln sollte, schien aber bei den meisten Hannoveranern in diesem April noch über alle Zweifel erhaben.

Die Stadt rüstete sich zu monströsen Geburtstagsfeierlichkeiten. Zentren der Jubelorgie waren der Klagesmarkt und einmal mehr die Georgstraße vor dem Opernhaus. Fackelzüge, Flaggenappelle in den Kasernen und eine Ehrenparade von Wehrmacht und Luftwaffe standen auf dem Festprogramm, Kanonendonner und nächtliche Weihestunde, Morgensingen und Treueeide – die Rituale trieben Zehntausende von Bürgern auf die Straßen und Plätze. Frühzeitig waren die Vorbereitungen zu diesem Tag in der städtischen Verwaltung, in Schulen, beim Einzelhandel und in den Parteidienststellen angelaufen. Auch die Kirchen trugen ihren Teil zu der gigantischen Feier bei. Im Gemeindeblatt der Gartenkirche wurde verkündet, die NSDAP-Ortsgruppe Lavesstraße habe der Gemeinde anläßlich des Geburtstages „unseres geliebten Führers sein mehrfarbiges Ölbild in fast Lebensgröße mit Goldrahmen für unseren Gemeindefestsaal" in der Dieterichsstraße gestiftet. Auf dem Titelblatt des Gemeindeboten wurde ein zeitunglesender, gütig lächelnder Adolf Hitler abgebildet, was sich das Blatt der Marktkirchengemeinde immerhin ersparte. Dafür druckte der „Marktürmer" aber eine Stellungnahme des Landesbischofs D. August Marahrens aus dem kirchlichen Amtsblatt nach, in der es hieß: „. . . wieviel bewegte uns nicht an diesen Tagen im Hinblick auf die Zukunft des Volkes, seine Wohlfahrt, seine Einheit, seine Bewahrung vor zerstörenden Mächten, seinen Frieden. Darum ist un-

Aufmarschpläne erschienen in den Tageszeitungen, die Werkszeitungen überschlugen sich mit Huldigungen an Adolf Hitler zu dessen 50. Geburtstag am 20. April 1939.

Bei strahlendem Sonnenschein nahmen die Befehlshaber am 20. April die Ehrenparade der hannoverschen Einheiten auf der fahnengeschmückten Georgstraße ab.

ser gemeinsames Gebet, daß Gott dem Führer weiterhin Kraft und Gesundheit, Weisheit des Herzens und treue Ratgeber schenke, das ihm aufgetragene Werk zum Segen unseres Volkes zu vollenden."

Keine Werkszeitung, die in diesen Tagen ohne ein Porträt des Führers auf dem Titel und eine Huldigung für seinen „Einsatz im Lebenskampf des deutschen Volkes" erschien. In den Betrieben wurden Appelle zum Führergeburtstag angeordnet, die Stadtverwaltung steuerte 100 000 Mark für junge Architekten und Städtebauer als Ehrengabe des Deutschen Gemeindetages bei, und Oberbürgermeister Haltenhoff ordnete für alle städtischen Verwaltungsstellen am 20. April, morgens 8 Uhr, Appelle an, in denen „auf die Bedeutung dieses Tages" hingewiesen werden sollte. Für das Gaupropagandaamt in der Dincklagestraße nahe der Langen Laube (damals „Straße der SA") hatte man beschlossen, anläßlich des Führergeburtstages dem „Reichsbund der Kinderreichen" 420 Eintrittskarten für die städtischen Theater zu stiften, während Gauleiterstellvertreter Kurt Schmalz „die wichtigsten einmaligen und besonders symbolhaften Gestalten der Liebe des Volkes zu unserem Führer in einer geschlossenen Kassette" Hitler selbst übergeben wollte.

Daß angesichts solcher Euphorie die Schulen ihrerseits den Führergeburtstag als Instrument der Indoktrinierung nutzen würden, war unausweichlich. Fähnchen wurden gebastelt, Hitlerbilder aufgeklebt, kleine Gedichte auf den Führer getextet. Der Reichsminister für Wissenschaft, Erziehung und Volksbildung, Bernhard Rust, hatte bereits am 12. April per Schnellbrief mitteilen lassen, daß er am Morgen des 20. April über alle deutschen Sender zwischen 9 und 9.30 Uhr zu den Schülern und Schülerinnen sprechen werde. Natürlich trafen sich die Kinder mit ihren Lehrern pünktlich in den Aulen, um diese Ansprache von der 5. Klasse an gemeinsam zu hören. Danach gab es schulfrei.

Die Straßen waren in ein Meer von Hakenkreuzfahnen gehüllt, die Schaufenster vieler Geschäfte mit Hitlerbildern und Ehrenzeichen geschmückt, allein am Hauptbahnhof wurden 2000 Meter Girlanden aus Tannengrün aufgehängt. An der Front des Eingangsgebäudes hing ein riesiges Porträt des Führers, zwischen Aegidientorplatz und Opernhaus wurden Dutzende Fahnenmasten aufgestellt. Für den Abend des 20. April hatte sich die Stadtverwaltung etwas Besonderes ausgedacht. Pünktlich um 22 Uhr wurde auf der Seite zum Maschpark ein Höhenfeuerwerk mit 21 Salutschüssen eingeleitet, an dessen Ende das Rathaus in rotgrünes Bengallicht getaucht wurde. Ähnlich „feurig" bot sich auch das Anzeiger-Hochhaus an jenem Abend den Hannoveranern dar.

Auf dem Klagesmarkt, erhellt durch „flammende Feuer auf hohen Pylonen" und dem Fackelspalier der SA-Standarte 412, hatte Hannovers Gauamtsleiter Spangemacher zu mitternächtlicher Stunde am 19. April das Hohelied auf Adolf Hitler angestimmt, der dem deutschen Volk als „Retter aus der Not" geschenkt worden sei. Deutschland sei stark, sein Wille ausschlaggebend, rief Spangemacher der Menge zu, die mit ohrenbetäubenden „Sieg Heil"-Rufen antwortete und das Horst-Wessel-Lied anstimmte. Danach wurde ein Huldigungstelegramm der Stadt und der Partei an den Führer und Reichskanzler verlesen, ehe sich die Menge auflöste – der Marschtritt der Kolonnen hallte noch lange durch die Nacht.

Größer als alle bisherigen Ehrenparaden, die Hannover gesehen hatte, soll nach Erinnerungen älterer Bürger jene Parade gewesen sein, die am Donnerstagvormittag, dem Tag des Führergeburtstages, im Zentrum der Stadt abgehalten wurde. Vor dem Oberbefehlshaber der 6. Heeresgruppe, General von Kluge, dem neuen Befehlshaber im Wehrkreis XI, Generalleutnant Wilhelm Ritter von Leeb, und vor dem Kommandeur im Luftgau XI, Fliegergeneral Wolff, marschierten endlose Truppenkolonnen über die Georgstraße. Lange Züge von Artillerie, gepanzerte Kettenfahrzeuge und Motorräder, mehrere berittene Kompanien und zahlreiche Spezialeinheiten zogen an der Ehrentribüne vorbei über die Georgstraße, wo sich Tausende von Hannoveranern an dem martialischen Bild der Wehrhaftigkeit begeisterten. Mit einem Überflug von Maschinen des Kampfgeschwaders Boelcke wurde der Vorbeimarsch beendet, viele der wieder in ihre Kasernen einrückenden Mannschaften wurden bereits wenig später nach Osten und Westen zu ,,Übungen'' an die Grenzen abkommandiert.

Am 25. April, die Jubelschau war kaum verklungen, trug Ernst Jünger in sein Tagebuch den Satz ein: ,,Die Politik in diesen Wochen erinnert an die Zeit dicht vor dem Weltkriege . . .'' Der Chef des Oberkommandos der Wehrmacht hatte bereits zu Beginn des Monats folgende geheime Kommandosache an die Stäbe ausgegeben: ,,Die Weisung für die einheitliche Kriegsvorbereitung der Wehrmacht 1939/40 wird neu herausgegeben . . . Zum ,Fall Weiß' hat der Führer noch angeordnet: Die Bearbeitung hat so zu erfolgen, daß die Durchführung am 1. September 1939 jederzeit möglich ist . . .''

,,Fall Weiß'' – das war der geplante Angriff auf Polen, den in Hannover zu dieser Zeit kaum jemand geahnt haben dürfte. Die verschärfte antipolnische Propaganda hatte noch nicht eingesetzt, statt dessen genoß die Stadt das herrliche Frühsommerwetter, besuchten die Hannoveraner ihre Schwimmbäder oder gingen ins Kino. Im Ufa-Palast spielten anläßlich des Führergeburtstages die ,,Drei Unteroffiziere'' mit Fritz Genschow und Clare Winter, ein ,,Ufa-Film, der einen tiefen Einblick in das Leben unserer Wehrmacht gewährt, aber in seiner Handlung und tieferen Deutung vielen anderen Unterhaltungsfilmen weit voraus ist''.

Auch die Reichsbahn hatte zum „Führergeburtstag" die Fassade des Hauptbahnhofes geschmückt.

Speerspitzen des Todes für Hitlers Vernichtungskrieg. Munition, Geschütze, Panzerfahrzeuge – hannoversche Firmen „schmierten" die Kriegsmaschinerie.

Die Stadt war eine „Rüstungsschmiede"

Mai bis Juli 1939

Der „Wonnemond", wie die Nazis den Monat Mai nannten, begann in Hannover mit Donnergegroll und Dauerregen, was aber die Hannoveraner nicht davon abhielt, zum „nationalen Feiertag" am 1. Mai auf die Straßen zu strömen. Triefnaß nahmen sie an einem Umzug mit zahlreichen Festwagen teil und hörten später in der Hindenburgkampfbahn (Eilenriedestadion) die aus riesigen Lautsprechern übertragene Rede Adolf Hitlers aus dem Berliner Olympiastadion: „Mit packenden Worten schildert der Führer die Bedeutung dieses nationalen Feiertages, hebt besonders hervor, daß nicht der einzelne, sondern das Volksganze das Entscheidende ist, und rechnet scharf mit den Kriegshetzern ab, deren Tätigkeit weniger in der schaffenden Arbeit als der Erfindung verleumderischer und lügenhafter Artikel besteht", lasen die Beschäftigten der Hanomag später in ihrer Werkszeitung. Die meisten von ihnen waren ohnehin selbst im Stadion gewesen, denn bei dieser Firma, wie auch in den anderen großen Unternehmen, traf man sich am Morgen des 1. Mai zu Betriebsappellen und zog dann als geschlossener Block ins Stadion. Am Deisterplatz hing von der Fassade des Motorenbaues ein riesiges Bild im Stil des nationalsozialistischen „Realismus" – Arbeiter, SA-Mann und Soldat getreulich nebeneinander. „Ehret die Arbeit und achtet den Arbeiter", lautete die Parole, doch was hinter den Werksmauern der Lindener Auto- und Ackerschlepperbauer produziert wurde, diente einem weniger ehrenvollen Zweck: der Aufrüstung.

Die hatte in der mit militärischen Einrichtungen „gepflasterten" Gauhauptstadt Hannover eine Jahre zurückreichende Tradition. Kurz nach der Machtübernahme der Nationalsozialisten 1933 war schon mit dem Bau von Kasernen, dem Ausbau des zivilen Flughafens in Vahrenwald, der Errichtung des Fliegerhorstes in Langenhagen-Evershorst und mit der Planung anderer militärischer Dienststellen begonnen worden. 1936 war am Misburger Damm (heute Hans-Böckler-Allee) das Generalkommando für den Wehrkreis XI gebaut worden, dessen Befehlsgewalt sich über große Bereiche Nordwestdeutschlands, aber auch bis Magdeburg und Schwerin erstreckte. In die neuerrichteten Bothfelder Kasernen zogen Mitte der dreißiger Jahre Einheiten der neu aufgestellten 19. Infanteriedivision ein, 1936 wurde der Unterricht an der neuen „Kriegsschule" an der Stader Chaussee aufgenommen, und bis zum Kriegsbeginn entstanden auch die ersten Gebäude des Standortlazaretts in der Eilenriede, das Heeresbekleidungsamt in Hainholz und die Heeresveterinärakademie in der Möckernstraße.

Mit dem Ausbau zu einer der bedeutendsten Garnisonsstädte im Deutschen Reich ging auch die Vorbereitung der hannoverschen Wirtschaft auf kriegerische Auseinandersetzungen einher. Dutzende von Firmen produzierten schon frühzeitig für die Bedürfnisse von Heer, Luftwaffe und Marine, und nach Beginn des Zweiten Weltkrieges wurden auch für die Kriegsmarine wichtige Komponenten aus Hannover geliefert. Als die Hannoversche Waggonfabrik (HaWa) in Linden 1934 Konkurs anmeldete, wurde das Werk flugs in eine Leichtmetallgießerei umgewandelt, in der fortan Flugzeugteile gefertigt wurden. Ein Jahr später war im Rahmen des Hitlerschen Aufrüstungsprogramms in Hannover eine Wehrwirtschaftsinspektion gebildet worden, die nach Kriegsbeginn zur Rüstungsinspektion XI umgewandelt werden sollte. Wehrmachtoffiziere und Mitarbeiter der Inspektion hatten dafür zu sorgen, daß sich die hannoverschen Industriebetriebe rechtzeitig von der Friedensproduktion auf die Anforderungen der Militärs im Kriegsfall einrichteten. Mobilmachungsstäbe mußten aufgestellt werden, jedes Unternehmen erhielt einen speziell auf seine Bedürfnisse zugeschnittenen Mobilmachungskalender. Die Produktionsraten wurden festgelegt und diejenigen Mitarbeiter ausgewählt, die auf jeden Fall „unabkömmlich" (uk) gestellt werden sollten, der Bedarf an Rohstoffen und die Maschinenkapazitäten penibel genau registriert, ebenso der Energie- und Personalbedarf errechnet. Schließlich war das für die hannoversche Wirtschaft zuständige Rüstungskommando der Inspektion XI (solche Kommandos gab es noch für Dessau, Magdeburg und Braunschweig) auch dafür verantwortlich, daß bei Kriegsausbruch genügend Transportraum zur Verfügung stand, um Waffen, Geräte und Munition an die Fronten zu schaffen. Daß die konkreten Kriegsvorbereitungen die hannoversche Wirtschaft nicht überraschend trafen, bestätigte der spätere Hauptgeschäftsführer der Industrie- und Handelskammer Hannover-Hildesheim, Dr. Hans-Joachim Fricke, 1962 so: „Etwa ein Jahr

Generalleutnant von Leeb, Kommandierender General des XI. Armeekorps, bei seinem Dienstantritt im April 1939 im Generalkommando am Misburger Damm.

vor Kriegsausbruch machten sich die Vorbereitungen für den Kriegsfall auch in den Organisationen der gewerblichen Wirtschaft stärker bemerkbar. Seit längerem bestehende wehrwirtschaftliche Referate bei bestimmten Landes- und Provinzialregierungen wurden zu Abteilungen vergrößert, und die Notwendigkeit der Einrichtung entsprechender Dezernate bei den Kammern zeichnete sich ab. Im Laufe des Frühjahrs 1939 wurden entsprechende Anweisungen, natürlich geheim, gegeben und die Kammern angehalten, in bezug auf Geheimhaltung eingehende Vorkehrungen, auch baulicher Art, zu treffen. Doppeltüren, Stahlschränke und dergleichen wurden angeschafft." Auf dem Verkehrssektor sei erst im Sommer 1939 bekanntgeworden, daß die Kammern „für einen Ernstfall, dessen Eintritt schon aus Propagandagründen nach außen hin als unwahrscheinlich behandelt wurde, weil die Bevölkerung dem Gedanken an einen Krieg völlig ablehnend gegenüberstand", bestimmte Aufgaben zu übernehmen hätten.

Problematisch war in der Stadt die Beschaffung von ausreichenden Arbeitskräften nicht erst seit September 1939, sondern auch schon lange vor dem Krieg. Auch aus Hannover waren Mitte 1938 rund 3000 junge Männer zu den Bauarbeiten am Westwall abkommandiert worden, die hier die Wirtschaft vermißte. Die Mobilität der Beschäftigten war im März 1939 weiter eingeengt worden, da jeder Arbeitsplatzwechsel nur mit Zustimmung des Arbeitsamtes vollzogen werden durfte. Arbeitskräfte fehlten überall. Beim Wohnungs- und Straßenbau ebenso wie beispielsweise bei der Errichtung der beiden großen Werke der Accumulatorenfabrik (AFA) in Marienwerder und der Continental AG in Stöcken am Mittellandkanal. Militärfahrzeuge, Drehbänke für den Kanonenbau, Apparatebau und Armaturen für die Rüstungsproduktion, Flugzeugteile, Minenwerfer, Panzer, optische Präzisionsinstrumente, Reifen und Transportbänder sowie Erdölprodukte und Schmierstoffe – die Palette der Rüstungsgüter, die in den Jahren vor Kriegsbeginn hannoversche Unternehmen verlassen haben, waren für die Rüstungsplaner unentbehrlich. Wenn vielen Beschäftigten der Sinn dessen, was sie da herstellten, nicht verborgen geblieben war, so war doch anscheinend nicht immer gleich ersichtlich, was da von den Bändern lief. Franz Pansy aus dem Sahlkamp erinnert sich, „daß plötzlich in unserer Maschinenbaufabrik riesige Stahlkränze angeliefert wurden, die wir bearbeiten mußten. Erst später haben wir erfahren, daß es sich dabei um die Drehgelenke von Panzertürmen gehandelt hat. Gesagt wurde uns das von der Betriebsleitung allerdings nicht."

Zu den bedeutendsten Rüstungsproduzenten zählten die Brinker Eisenwerke, die Continental AG, der Munitions- und Sprengstoffhersteller Dynamit AG sowie die Leichtmetallwerke, die Hanomag, die Maschinenfabrik Niedersachsen-Hannover sowie die Firmen Schmidding in Linden und die Deutschen Edelstahlwerke. Bereits 1935 machte der Anteil der Rüstungsgüter am Gesamtumsatz der Hanomag in Linden 44 Prozent aus. Schon in diesem Jahr wurden an der Göttinger Straße Feldhaubitzen und Flugabwehrkanonen (Flak) vom Kaliber 8,8 cm produziert, später folgten 10,5-cm-Geschütze, und von 1942 an liefen auch Kanonen vom Kaliber 12,8 cm vom Band. Bei der Hanomag wurde frühzeitig mit dem Bau von Militärfahrzeugen, Mannschaftstransportern mit Halbketten sowie schweren Schleppern begonnen, die sowohl von der Luftwaffe wie auch von der Artillerie als Zugmaschinen eingesetzt wurden. Ab 1938 verließen die Lindener „Waffenschmiede" auch Wasserbombenwerfer und schwere Mörser, im Jahr darauf zusätzlich monatlich 90 000 Granaten von verschiedenen Kalibern. Welche Bedeutung die Hanomag in der Rüstungsbranche einnahm, sieht man auch daran, daß der Belegschaftsstand von 10 628 Mitarbeitern Ende 1938 ein Jahr später noch um 1000 Mann höher lag, obwohl rund 500 Beschäftigte zur Wehrmacht einberufen worden waren. Der Hanomag fehlte es zumindest in der ersten Phase ebensowenig wie der Continental AG an Arbeitskräften.

Auch dem Reifenhersteller kam eine überragende kriegswichtige Rolle zu, die sich unter anderem in den beinah 19 000 Beschäftigten ausdrückte, die Ende 1938 in den Werken Limmer und Vahrenwald sowie in mehreren Tochtergesellschaften tätig waren. Weil die beiden alten Fabriken mitten im Stadtgebiet lagen und daher bei Bombenangriffen besonders gefährdet erschienen, wurde „von oben" der Bau eines neuen Werkes zur Erweiterung der Produktion am Stadtrand in Stöcken angeordnet. Dort sollte zunächst der synthetische Kautschuk Buna verarbeitet werden. Nach dem ersten Spatenstich am 23. April 1938 dauerte es nicht einmal ein Jahr, bis am 1. Februar 1939 die ersten beiden Mischwerke in provisorischen Baracken die Buna-Produktion aufnahmen. Baustoffmangel und Engpässe auf dem Arbeitsmarkt ab 1940 hatten dann allerdings einen fast eineinhalbjährigen Baustopp zur Folge. Erst als im Februar 1941 das Vahrenwalder Werk mehrfach stark von Bomben getroffen worden war, wurde in Stöcken weitergebaut. Die ersten Reifen verließen die neue Fabrik am 20. August 1942. Daß es den Rüstungsbetrieben der Großindustrie unter den Nazis glänzend ging, dafür spricht eine Zahl: Der Umsatz der Conti wurde von 27 Millionen Mark im Jahre 1933 auf 92 Millionen Mark im Jahre des Kriegsausbruchs gesteigert. „Mein Vater hat immer gesagt, die Industrie produziert so viel, das können wir gar nicht alles im Frieden verbrauchen. Das läuft auf Krieg hinaus", sagt Elisabeth Stier, deren Vater damals bei der Hanomag beschäftigt war.

Auch im Osten Hannovers, in Misburg, wurde klotzig verdient. Die Mitte der dreißiger Jahre zusammengeschlossene Erdölraffinerie Deurag-Nerag deckte schon 1937 ein Drittel der deutschen Schmierölindustrie ab. Ein Jahr später vermeldete die Firmenleitung einen Rohöldurchsatz von 628 000 Tonnen. Daß sich Hitlers Rüstungsplaner für einige Zeit von Ölimporten unabhängiger machen und die Kriegsmaschinerie im wahrsten Sinne des Wortes gut „schmieren" konnten, war nicht zuletzt den Ausbauanstrengungen in Misburg zu verdanken. Noch keine Rolle spielte am Vorabend des Zweiten Weltkrieges in Hannover die Accumulatorenfabrik (AFA). Zwar war der Werksneubau des Batterieherstellers aus Hagen in Marienwerder begonnen worden – das 850 000 Quadratmeter große Grundstück hatte die Firma 1936 erworben –, doch erst im Herbst 1940 wurden dort die ersten Starterbatterien und U-Boot-Akkus produziert. Die Ansiedlung von Industriebetrieben am neuen Nordhafen mit seinen drei Millionen Quadratmetern Fläche lief damals nur schleppend an, noch schien der Lindener Hafen vielen Unternehmen der attraktivere Standort. Der Schiffs- und Bahnumschlag der Häfen betrug 1938 rund 1,24 Millionen Tonnen – Kohle und Koks wurden nach

Bei der Hanomag in Linden – Flakgeschütze aller Kaliber verließen die Produktionshallen.

Am Stadtrand in Stöcken wurde vor dem Krieg mit dem Bau neuer Fabriken begonnen. Am Ufer des Mittellandkanals führte Conti-Vorstandsmitglied Heinz Assbroicher am 23. April 1938 den 1. Spatenstich aus.

Hannover transportiert, Salze und Düngemittel verließen die Stadt auf dem „Seeweg".

Daß Hannover angesichts dieser Zusammenballung von Militäreinrichtungen und wichtigen Rüstungsbetrieben sowie seiner idealen Verkehrslage im Kreuzungspunkt von Süd-Nord- und Ost-West-Verbindungen von Schiene, Straße und Kanal der höchsten Sicherheitskategorie des Reichsluftschutzes unterliegen mußte, ist einleuchtend. Die Zahl der Luftschutzübungen häufte sich dann auch, je näher der September kam. „Jedes Haus eine Luftschutzfestung", lautete eine Schlagzeile in der Presse, als am 8. Mai die Reichsluftschutzwoche in Hannover eröffnet wurde. Auf dem Waterlooplatz war eine Großübung mit Scheinangriffen von Flugzeugen angesetzt worden, Luftschutzexperten gaben der Bevölkerung Tips. „Nur entrümpelte Dachgeschosse und eine Hand-in-Hand-arbeitende Luftschutzhausgemeinschaft" können Gefahren bannen und Schäden mildern, wurde der Bevölkerung immer wieder eingehämmert – offenbar ahnten die Organisatoren, daß längst noch nicht alle Hannoveraner Einsicht in die Notwendigkeit erkennen ließen. Am Donnerstag, 11. Mai, radelte eine Schar von Hitlerjungen mit Fahrrädern durch die Georgstraße auf den Kröpcke zu, wo sie plötzlich mit Handsirenen einen unbeschreiblichen Lärm veranstalteten: Fliegeralarm, schon wieder eine Übung. In wenigen Sekunden sei der belebte Platz in den Abendstunden wieder einmal leergefegt gewesen, vermeldete der „Hannoversche Anzeiger" am nächsten Morgen.

Das Pfingstwochenende am 28. und 29. Mai blieb von Luftschutzübungen ungestört. Nach einem verregneten Sonntag trafen sich die Hannoveraner am nächsten Tag bei sommerlichen Temperaturen in den Schwimmbädern oder im gerade in diesen Tagen endgültig fertiggestellten „Aue-Park" in Kleefeld (Lönspark) zum Spaziergang. Wer Glück hatte und einen Platz ergattern konnte, trank in der neuen Gastwirtschaft an der Bockwindmühle Waldmeisterbowle, wer es ruhiger liebte, traf sich mit Bekannten im Kleingarten. „Hannover war im Sommer 1939 eine schöne, saubere und lebenswerte Stadt", erinnert sich Hermann Rust. Eine Stadt, durch die nach der offiziellen Propaganda „ein starker Rhythmus friedlichen Aufbaues schwingt". Die Herrenhäuser Gärten luden zum Bummel durch die Blütenpracht ein, über dem Maschsee zogen Segel- und Ruderboote, und auf der neueröffneten Rollschuhbahn herrschte drangvolle Enge. Wer dachte schon an Krieg? „Für uns war das Schwimmbad in jenen Sommertagen wichtiger als die Politik", sagen viele Hannoveraner noch heute. Doch die Weltgeschichte machte keine Pause...

Weltgeschichte, wenn auch ein unrühmliches Kapitel für die deutschen Militärs, wurde den Hannoveranern am 31. Mai mit der Schlagzeile serviert: „Die Spanien-Freiwilligen heimgekehrt – Parade der Legion Condor." An diesem Mittwoch waren Mitglieder der von Hitler zur Unterstützung Francos nach Spanien entsandten „Legion Condor" nach Hamburg zurückgekehrt. Stürmisch empfangen von der Bevölkerung, paradierten sie an Hermann Göring vorbei. Wochen später feierten auch die Stadt Langenhagen und die Partei die Angehörigen des Kampfgeschwaders Boelcke für deren „Verdienste an der Front". Von der Ausradierung der spanischen Stadt Guernica durch die deutsche Luftwaffe im April 1937 war an diesem gemütlichen Kameradschaftsabend mit den Schwestern des Rotes Kreuzes vermutlich kaum die Rede.

Sonnenwendfeiern in der Nacht zum 22. Juni 1939 standen ganz im Zeichen der Verbundenheit der sogenannten „Volksgemeinschaft", und immer wieder wurde den Teilnehmern des nächtlichen Feuerspektakels vorgehalten: Der einzelne ist nichts, die Gemeinschaft alles! Ende Juni ergötzten sich die Hannoveraner an einem nächtlichen Höhenfeuerwerk über dem Maschsee, dessen Schlußszene selbst dem Vergnügen Züge bitteren Ernstes verlieh. Unter dem Motto „Die Seeschlacht" attackierten „Torpedoboote" im Lichterglanz der Pyrotechnik einen auf dem Wasser dümpelnden „Kreuzer". „Ein Höllenlärm verbreitendes Bombardement setzte nun ein. Unter zuckenden Blitzen und dem Donner von 1100 Schuß, die von den Ufern des Sees abgefeuert wurden, ging der Kreuzer in Flammen auf", schilderten Reporter das martialische Spiel.

Fröhliche Gesichter beim Empfang von Fliegern der Legion Condor in Langenhagen.

Martialisch ging es auch beim letzten Schützenfest vor dem Kriege zu. Am 2. Juli trafen sich die Hannoveraner beim sonntäglichen Spaziergang am Festplatz an der Ohe, um sich über das bevorstehende Angebot an Spielen und Buden zu informieren. Am Montag früh ertönte pünktlich um 8 Uhr das traditionelle Ausmarschkommando „Im Dublierschritt, marsch", und unter Führung der Schützentamboure setzte sich der endlos lange Festzug durch die geschmückten Straßen in Bewegung. Von der Marktkirche zog sich der Umzug durch die Altstadt und führte dann am Rathaus vorbei, wo Bürgermeister Heinrich Müller und Schützendezernent Wilhelm Bakemeier von der Ehrentribüne winkten. Daß bei der Begrüßung der Schützenkolonnen auf dem Festplatz Tradition mit Propaganda – wie so häufig – vermischt werden würde, wurde schon bei den ersten Worten des Festredners, Stadtrat Karl Schlottmann, deutlich: „Werte Schützenbrüder! Zum vierten Mal seit der nationalen Erhebung hat heute der Ausmarsch der hannoverschen Schützen unter der Fahne Adolf Hitlers stattgefunden", rief Schlottmann und erinnerte an die Entstehung des Schützenfestes, wie es 1939 in den propagandistischen Rahmen paßte. „Unser Schützenfest ist entstanden in der Zeit des Nichtstaates, der Führerlosigkeit und der Unordnung, als die Bürgerschaft zur Selbsthilfe greifen mußte. So ist es ein Bekenntnis zum Wehrwillen und zur Wehrhaftigkeit, und wir haben dieses Bekenntnis auch durchgehalten in der Zeit der schmachvollen Erniedrigung durch den Versailler Vertrag. Wir haben es nicht vergessen, daß wir einstmals ohne Gewehre ausmarschieren mußten." „Mit Begeisterung", so der Festredner weiter, „sind die hannoverschen Schützen unter die Fahnen Adolf Hitlers geströmt." Im „Geiste des Führers, im stolzen Bekenntnis zu ihm und zu Deutschland, in Ehre und Freiheit" eröffnete Schlottmann dann das Schützenfest mit einem dreifachen „Sieg Heil". Und die Hannoveraner feierten, wie es jahrhundertelanger Tradition entsprach, ihre Schützen und mit ihren Schützen zum letzen Male im Frieden für lange Jahre. Daß in jenen Schützenfesttagen die Frist abgelaufen war, die Oberbürgermeister Haltenhoff den noch in Hannover verbliebenen Juden zur gesetzlich vorgeschriebenen Anmeldung ihrer Wohnungen eingeräumt hatte, darüber machte sich natürlich keiner in jenen festlichen Tagen Gedanken. Mit dieser von der Mobilmachungsabteilung des Stadtrates Wilhelm Bakemeier im Rathaus überwachten Maßnahme schufen sich die Nazis die Möglichkeit, Jahre später in einer großangelegten Aktion alle Juden aus ihren Wohnungen und Häuser zu jagen und in 16 „Judenhäusern" zusammenzupferchen. Ein weiterer Schritt auf dem Wege zur Gettoisierung dieser Bevölkerungsgruppe war, von der Öffentlichkeit kaum wahrgenommen, getan.

In diesen Wochen liefen die Vorbereitungen zu dem für Anfang September geplanten „Reichsparteitag des Friedens" in Nürnberg auf vollen Touren. Die Deutsche Arbeitsfront und die Parteigliederungen verkauften für eine Reichsmark überall Plaketten zum Parteitag als „Symbol der Verbundenheit", und Oberbürgermeister Haltenhoff machte sich darüber Gedanken, wie er mit seiner Stadtverwaltung über den Sommer kommen sollte. Da schon viele Beamte Urlaub genommen hätten, sollten die Urlaubsgesuche für den Reichsparteitag besonders streng geprüft werden, mahnte das Stadtoberhaupt die Dezernenten. Schon im Juni hätten doppelt so viele Urlaubsgesuche nach Nürnberg vorgelegen wie im Jahr zuvor, erklärte Haltenhoff. „Wir können aber nur höchstens so viele Mitarbeiter wie 1938 beurlauben."

Als anderes Zeichen der Verbundenheit der Hannoveraner zur „Volksgemeinschaft" verließ Mitte Juli ein Zug mit Studenten der Technischen Hochschule den Hauptbahnhof, um deutschen Bauern an der Ostgrenze zu Polen beim Ernteeinsatz zu helfen. Die hannoverschen Studenten wurden in Pommern eingesetzt, andere Hochschulen des Gaues Süd-Hannover-Braunschweig hatten schlesische Erntegebiete zum Ziel. Die jungen Leute sollten mit ihrem wochenlangen Einsatz demonstrieren, „daß sie nicht nur auf geistigem Gebiet führen können, sondern Schulter an Schulter mit dem deutschen Soldaten marschieren wollen", hieß es in der hannoverschen Presse. Von anderen Einsätzen an der polnischen Grenze lasen die Hannoveraner nichts, Wilhelm Stier aber hat sie bis heute nicht vergessen.

„Ich gehörte damals zur Fahrabteilung 24 in der Schackstraße. Im Mai 1939 hatten wir den Befehl erhalten, einen Baustab zu bilden. Dann wurden wir an die polnische Grenze nach Betsche im Kreis Mesaritz verlegt." Niemand hatte den jungen Soldaten zunächst gesagt, was sie dort tun sollten, aber das merkten die sehr schnell. „Wir bekamen den Auftrag, Flakstellungen entlang der Grenze auszuheben. Der Einsatz dauerte bis August, aber schon vorher spürte ich, daß sich dort etwas anbahnte", berichtet Stier. Im Juli seien mehrfach SA-Leute in Zivil über die grüne Grenze nach Polen gezogen, hätten dort ihre Mäntel ausgezogen und die SA-Uniform in provozierender Weise gezeigt. „Natürlich ließen die Polen sich das nicht bieten. Es gab Prügeleien, und wenn unsere Leute dann mit zerschundenen Gesichtern wieder zurückkamen, standen die Propagandaschreiber bereit und verbreiteten in der Öffentlichkeit, daß arme deutsche Zivilisten von polnischen Banditen zusam-

Auch Fahrradtrupps gehörten zu den in Hannover stationierten Verbänden der Wehrmacht.

Gesteuerte Propaganda gegen Polen: Das NS-Blatt „Niedersächsische Tageszeitung" tat sich besonders hervor.

mengeschlagen worden sind." Solche Vorkommnisse wurden in der Truppe hinter vorgehaltener Hand weitererzählt, die deutsche Propaganda schlachtete sie mit aufrüttelnden Berichten und entsprechenden „authentischen" Fotos weidlich aus. Daß Wilhelm Stier die Greuelmärchen aus dem Goebbels-Ministerium, von denen die deutschen Zeitungen in den nächsten Wochen voll sein sollten, nicht mehr glauben konnte, ist verständlich. Daß auch die polnische Bevölkerung gegen in Polen lebende Deutsche oft in brutaler Weise vorgegangen ist, soll nicht verschwiegen werden. Mord, Totschlag und Brutalität bestimmten zeitweise das Verhältnis zwischen Polen und Deutschen auf beiden Seiten.

Die „Niedersächsische Tageszeitung", das in der Georgstraße erscheinende Hausblatt der Nationalsozialisten, stimmte die Bürger am 12. Juli auf ihre Weise auf den „polnischen Größenwahn" ein. Unter der Schlagzeile „Hannover und Göttingen deutsche Grenzstädte" hieß es in einem Bericht, daß Polen seinen Anspruch auf urdeutsches Land sogar bis in die Wesergegend vorantreiben würde. „Wenn der polnische Chauvinismus jedoch in diesen Tagen in seinem kindlichen Drang nach Westen die deutsche staatliche und völkische Ostgrenze ... mittelbar östlich von Hannover und Göttingen in nordsüdlicher Richtung verlaufen läßt, dann müssen solche Auswüchse des polnischen Größenwahnsinns energisch zurückgewiesen werden ..." Wenige Tage später wurden die Leser von dem Blatt beruhigt: „Unsere Grenze in der Luft unüberwindlich", wurde ihnen versichert. Kein Grund also zur Beunruhigung, die Menschen sollten ihrer Führung und der militärischen Einsatzbereitschaft getrost vertrauen.

Und die meisten Hannoveraner machten sich offenbar auch keine Sorgen, „obwohl wir natürlich ahnten, daß das mit dem Korridor durch Polen nach Danzig nicht mehr lange gutgehen konnte. Aber wir haben der Propaganda geglaubt", bestätigen Wilfried Nordmann und viele Hannoveraner in der Erinnerung an jene Tage. Helmut Plath, später Direktor des Historischen Museums, hat damals gehofft, Hitler werde sich mit Polen auf einen Vertrag über den freien Zugang nach Danzig einigen können. „Bald sollten wir erfahren, daß das ein verhängnisvoller Irrtum war." Daß Hitler schon im Mai vor den Oberbefehlshabern der Wehrmacht erklärt hatte, es gehe ihm keineswegs nur um den freien Zugang zur deutschen Stadt Danzig, sondern letztlich um die Schaffung von „Lebensraum im Osten" und damit um Krieg gegen Polen, hatte nicht in den Zeitungen gestanden.

Der Buchbinder Walter Anton aus Linden, der sich 1938 freiwillig zur Wehrmacht gemeldet und zur Fahrabteilung 24 in der Schackstraße eingezogen worden war, wurde im Juli – als die Hannoveraner ihr Schützenfest feierten, im Strandbad am Maschsee und in den Flußbädern in Linden die Sonne genossen oder die Aufführungen des Zirkus Krone besuchten – zum Generalkommando des Wehrkreises XI an den Misburger Damm abkommandiert. ,,Man legte mir dort zahlreiche Kartenblätter und Generalstabskarten aus Polen vor und forderte mich auf, diese Karten umgehend auf Leinen aufzuziehen. Ich durfte aber mit niemandem darüber sprechen und wurde zu strengster Vertraulichkeit verdonnert." Walter Anton mußte sogar sonntags ins Kartenzimmer des Generalkommandos gehen, um zu arbeiten. ,,Denen eilte es sehr, hatte ich den Eindruck."

Unterdessen war Mitte Juli – wieder einmal – eine der zahllosen Schrottsammlungen angesagt. ,,Schrott heraus, Schrott heraus", tönte es durch die Straßen von Linden und Limmer. Dort waren zahlreiche Angehörige der NSDAP-Ortsgruppen mit Pferdefuhrwagen angetreten und luden in den Straßen auf, was die Menschen vor die Haustüren gestellt hatten. Bettgestelle, alte Öfen und Herdplatten, defekte Badewannen, aber auch Konservendosen und Blechschilder wurden auf die Wagen gestapelt, und die 600 Parteileute konnten am Sonntagabend, 16. Juli, ein stolzes Ergebnis vermelden: 4860 Zentner Schrott waren aufgeladen und abtransportiert worden. Gerhard Stoffert aus Bothfeld, der später zur Flak eingezogen wurde, erinnert sich an solche Sammlungen genau: ,,In der Schule trugen wir Hitlerjungen Knochen zusammen und kassierten dafür Ehrenurkunden. Wenn Schrottsammeln angesagt war, zogen wir mit dem Lied ,Lumpen, Eisen, Silber und Papier, ausgeschlagene Zähne sammeln wir für unseren Hermann' los." Kaum einer wollte bei solchen Sammlungen zurückstehen. Ehe man sich mißbilligende Blicke des Haus- und Blockwarts einhandelte, wurden eben ein paar Teile für die Rohstoffsammlung vor die Haustür gestellt, wenn auch unwillig. ,,Niemand wollte auffallen", meint Stoffert. Noch war nicht die Zeit, daß die Stadt beispielsweise ihre Denkmäler demontierte, die Kaiserstatuen aus der Rathaushalle und Brunnenguß in die Metallspende abführte, oder daß sich die Firmen von optischen Symbolen ihrer Tradition verabschiedeten. Bei der Conti beispielsweise geschah das erst im Frühjahr 1940, als die beiden 23 Zentner schweren Bronzefiguren vor dem Hauptgebäude an der Vahrenwalder Straße abmontiert wurden.

Ende Juli mußten zahlreiche Bauarbeiter, die schon an der Fertigstellung der Autobahn bis Bad Nenndorf mitgewirkt hatten, Hannover für einige Zeit verlassen. Noch war die Autobahn von Berlin bis ins Ruhrgebiet nicht vollständig fertig, und Hitler hatte die Beschleunigung der Arbeitsleistung gefordert. ,,Als Termin der Fertigstellung wurde der 20. September bestimmt", hieß es in einem Bericht der Wehrwirtschaftsinspektion Hannover an das Oberkommando der Wehrmacht. ,,Diese Aufgabe erfordert für die restliche Strecke von 60 bis 70 Kilometern einen gesteigerten Einsatz von Menschen, Maschinen und Material. Die oberste Bauleitung Hannover hat alle verfügbaren Kräfte und Maschinen aus dem Bezirk auf diese Restfläche zu konzentrieren." Bald darauf rollten über dieses Autoband die ersten Truppentransporter aus Polen in Richtung Westgrenze.

Wochen vorher war in Hannover bekannt geworden, daß den Bürgern im Herbst ein neues kulturelles Ereignis bevorstehen werde. Das gerade fünfzig Jahre alt gewordene Mellini-Theater an der Artilleriestraße (heute Kurt-Schumacher-Straße), auf dessen Bühne schon Adele Sandrock, Otto Reutter und auch Paul Lincke gestanden hatten, sollte umgebaut und von der NS-Organisation ,,Kraft durch Freude" übernommen werden. Um das Theater

Das Mellini-Theater wurde 1939 durch die NS-Organisation ,,Kraft durch Freude" übernommen.

"wieder künstlerisch auf die Höhe zu bringen", sollte im Herbst mit der gründlichen Sanierung begonnen und zum Oktober eröffnet werden. Oberbürgermeister Haltenhoff teilte der Dezernentenrunde mit, daß die Stadt höchstens 135 000 Reichsmark an Umbaukosten mittragen könne und im ersten Jahr einen einmaligen Betriebszuschuß von 50 000 Reichsmark beisteuern werde. Die leichte Muse, die später auf der Bühne des heute vergessenen Theaters geboten worden ist, war so recht nach dem kulturellen Bedürfnis der Partei, um die "Volksgenossen" von den Widrigkeiten des Krieges abzulenken.

Überhaupt nicht systemkonform war dagegen das, was für den Döhrener Günther Bode und seine Freunde damals das Leben ausmachte, der amerikanische Swing. "Der Maschsee war in jenem Sommer unser Treffpunkt. Da lagen wir mit unseren Freundinnen im Sand, hörten auf einem für 29,95 Reichsmark bei Oberpottkamp erstandenem Koffergrammophongerät Benny Goodman und die anderen Swinger und interessierten uns einen Dreck, was die Nazis machten", schildert Bode jene Tage im Sommer '39. Die "Swing-Heinis" unterschieden sich auch im Erscheinungsbild deutlich von der angepaßten Hitlerjugend und dem Bund Deutscher Mädel. "Unsere Mädchen in der Mittelschule an der Meterstraße trugen keinen Knust im Haar oder Zöpfe und keine Brosche an der Bluse. Die ließen ihre Haare lang herunterhängen und sahen richtig toff aus." Die Jungs selbst kleideten sich damals bei Wormland ein, taubenblaue Hose, ein blauweiß gestreiftes Jackett und blaue Schuhe mit weißen Kreppsohlen waren angesagt bei der Gemeinde der Swing-Fans.

"Etwa zehn bis fünfzehn Prozent aller jugendlichen Hannoveraner begeisterten sich damals für die Swingmusik", schätzt Günther Bode. Zum Ärger der Nazis, versteht sich, denn Swing war ein Rhythmus "entarteter" Musik und durfte öffentlich nirgendwo zu hören sein. "Der Bademeister im Strandbad am Maschsee hieß Räuber. Den mußten wir nicht fürchten, wenn er mit seiner weißen Kapitänsuniform am Strand entlangstolzierte. Nur wenn irgendwelche Streifen auftauchten, kam die Platte gleich unter ein Handtuch." Schon als siebzehnjähriger war Bode mit Freunden abends in die Lokale gezogen, "ganz Hannover war voller Swingmusik". Offenbar war das auch der Polizei aufgefallen, denn Polizeipräsident Geyer erinnerte bereits im April 1939 "mit sofortiger Wirkung" daran, daß Beamten der Schutzpolizei des Standortes Hannover der Modetanz Lambeth Walk in Uniform oder bürgerlicher Kleidung verboten war. "Gleichzeitig weise ich nochmals auf das schon bestehende Verbot des Tanzes Swing hin." An vie-

Die Anhänger des amerikanischen Swing stachen auch durch ihr Aussehen aus der uniformen Masse hervor. Viele von ihnen lebten in geistiger Opposition zu den Nazis.

len Lokaltüren hingen Schilder mit diesem Verbot, doch wenn dann eine Streife ins Lokal kam, schoben die Tänzer rasch einen Tango über das Parkett. 1939 lief in Hannover im Gloria-Palast sogar noch der Streifen „Broadway-Melodie", vermutlich das letzte Leinwandstück aus den USA, ehe dann die Heile-Welt-Produktionen der Nazis und Durchhaltefilme aus der Goebbelschen Propagandaindustrie das Publikum begeistern sollten.

Die Swing-Fans der Jahre vor dem Zweiten Weltkrieg waren auch in Hannover Außenseiter, und das nicht nur wegen ihres Auftretens. „Unser Herz gehörte der amerikanischen Musik", schwärmt Bode. Benny Goodman, Ella Fitzgerald oder Louis Armstrong verkörperten für sie nicht nur Musik, sondern zugleich Ideale von Freiheit, von Unangepaßtsein. „Wir waren keine Widerstandskämpfer, wenn auch einige der Swing-Liebhaber für ihre Leidenschaft ins KZ Moringen gebracht wurden. Aber ein bißchen Widerstand gegen die Nazis war schon dabei, wenn wir die Negermusik hörten." Schellackplatten mit dieser verbotenen Musik wurden sogar noch bis Anfang 1940 im Schallplattengeschäft Brandt in der Georgstraße angeboten. Teddy Stauffer mit seinen „Original-Teddies", die Andrew Sisters mit „Bei mir bist du schön" oder „Night and Day" von Tommy Dorsey dudelten auf den Grammophonen. Abends zogen die Swinger und ihre Mädchen dann los ins Café Vaterland in der Bahnhofstraße, die damals Adolf-Hitler-Straße hieß, ins „Himmel und Hölle" an der Windmühlenstraße, in den Georgspalast oder ins Café Conti. „Am meisten los war allerdings immer im Café Corso, da spielte in einem Orchester sogar ein Neger mit", erinnert sich Bode. Daß Bandleader Kurt Widmann mit seinem ganzen Orchester mehrfach von der Bühne weg festgenommen worden war, als der schwungvolle „Tiger Rag" erklang, hat Bode nicht vergessen.

„Irgendwie kriegten wir gar nicht so richtig mit, was sich in jenen Sommertagen abgespielt hat. Wir lebten nur für unsere Musik." Als Günther Bode mit anderen „Swing-Heinis" und einigen Mädchen Ende August wieder einmal im warmen Sand des Maschseebades bei Benny-Goodman-Melodien vor sich hin döste, rollten oben am Bahndamm die Züge mit aufgeladenen Panzern und Kanonen und mit winkenden Soldaten gen Osten. „Daß die nach Polen rollten, wußten wir nicht."

Im Strandbad am Maschsee verlebten die Hannoveraner einen schönen Sommer. Nebenan rollten Züge an die Front.

Luftschutzeinheiten übten auf dem Gelände des einstigen Ausflugslokals „Bella Vista" am Schützenplatz.

Im Fahnensaal des Generalkommandos wurde oft der „Frontgeist" beschworen.

Der Pakt mit Stalin war ein Schock

August 1939

„August '39. Seit Wochen und Monaten bahnt sich in der Politik eine neue schwere Verwicklung an", schrieb der damals dreißigjährige Wilfried Nordmann aus Waldhausen in sein Tagebuch. In diesen Wochen wollte der Kaufmann eigentlich mit seiner Frau mit dem Auto in den Urlaub nach Kärnten fahren, doch überall schwirrten Gerüchte von bevorstehenden Auseinandersetzungen, von weltpolitischen Konflikten, vielleicht sogar von Krieg, durch Deutschland und auch durch Hannover. „Weil es ohnehin schon erhebliche Benzinbeschränkungen gab, haben wir dann auf Österreich verzichtet und sind an die Ostsee nach Grömitz gefahren", erinnert sich Nordmann jener unruhigen Wochen im August. Wer aufmerksam die Zeitungen verfolgt hatte, konnte ahnen, daß sich an der deutschen Ostgrenze zu Polen eine bedrohliche Entwicklung anbahnte, geschürt von einer aus Berlin gesteuerten Propagandakampagne. Die „Niedersächsische Tageszeitung" in der Georgstraße tat sich dabei besonders hervor. „Polnische Haßurteile gegen Volksdeutsche", „Polnische Offiziere mißhandeln deutsche Arbeiter" oder „Polen im Wahn: Deutschland muß zerstört werden" war dort zu lesen, und wer nicht wie Wilhelm Stier bei seinen Schanzarbeiten im Osten bereits Einblick in die Provokationen gegenüber den Polen erhalten hatte, der glaubte, was geschrieben wurde. Mußte glauben. „Wir haben doch sogar die Fotos von mißhandelten toten Deutschen in den Zeitungen gesehen", meint Gerhard Stoffert.

Daß es sich bei der nun einsetzenden Häufung von Meldungen über Ausschreitungen an Polens Grenze um eine gezielte Kampagne gehandelt hat, deren Drahtzieher in Berlin saßen, wußten die Hannoveraner natürlich nicht. Reichspressechef Dr. Dietrich hatte den Korrespondenten der Zeitungen und des Deutschen Nachrichtenbüros bei seinen Pressekonferenzen in Berlin konkrete Anweisungen erteilt, die sich natürlich auch in den hannoverschen Tageszeitungen widerspiegelten. „Meldungen über Zwischenfälle in Polen sind weiter gut herauszubringen", hatte Dietrich bereits am 26. Juli erklärt, während es am 10. August hieß: „Verbürgte Greuelmeldungen müssen von heute ab groß auf der ersten Seite erscheinen." Einen Tag später wurde angeordnet, daß „von jetzt ab auch polnische Ausschreitungen gegen Volksdeutsche und Zwischenfälle jeder Art, die vom Haß der Polen gegen alles Deutsche Kunde geben, auf den ersten Seiten meldungsmäßig behandelt und kommentiert werden. Allerdings soll sich die Aufmachung noch nicht in allerschärfsten Tönen bewegen, damit noch Steigerungsmöglichkeiten übrigbleiben . . ." Daß die dann auch genutzt wurden, lasen die Hannoveraner ebenso wie alle anderen Deutschen tagtäglich. Das Volk wurde fest im propagandistischen Griff der Täuschung gehalten.

Als eine besondere Form der „inneren Aufrüstung" gestalteten sich die Erinnerungsfeiern an den Jahrestag der Mobilmachung hannoverscher Truppen zu Beginn des Ersten Weltkrieges. Unter der Schlagzeile „Unvergeßliche Stunden der Begeisterung" berichtete der „Hannoversche Anzeiger" über die Ereignisse an jenem 2. August 1914, als die Rekruten in die Kasernen gerufen worden waren und die patriotische Begeisterung in Hannover keine Grenzen gekannt hatte. Die „Niedersächsische Tageszeitung" veröffentlichte eine mehrteilige Serie, auch die anderen Zeitungen hielten sich nicht mit aufrüttelnden Reportagen von damals zurück. „Es war ein wundervoller warmer Sommertag. Man traf am Nachmittag Bekannte und Freunde im Zentrum der Stadt und ging schließlich in ein Café in der Georgstraße, um neue Meldungen abzuwarten", wurden die Leser des „Anzeigers" in die Stimmungslage 25 Jahre zuvor zurückversetzt. „Plötzlich ein Ruf draußen, einige Gäste eilten auf die Straße, die Musik verstummte. Erregt erhob sich alles von den Plätzen. Man kam mit einem Extrablatt zurück: Die Mobilmachung war ausgesprochen." Und der von den Nazis seit Jahren dem Volk gepredigte Vorrang des Ganzen vor dem einzelnen schlug sich auch in den folgenden Zeilen nieder: „Ein Augenblick Totenstille! Das empfand in dieser Minute ein jeder: Alle eigenen Interessen waren belanglos, wo es um die Verteidigung des Vaterlandes ging." Die Ereignisse von 1914 als ein Beispiel für das, was von der Bevölkerung des Jahres 1939 nicht anders erwartet wurde: Das Volk ist alles, der einzelne nichts.

In überschwenglichen Bildern wurde die Mobilmachung Hannovers ein Vierteljahrhundert zuvor an die Wand gemalt. Truppen, die blumengeschmückt, „strahlenden Auges hinauszogen", Kriegsfreiwillige mit Liebesgaben überschüttet, frisch Eingezogene, die Sorge hatten, zu spät an die Front zu kommen. Die Königsulanen ritten damals mit flatternden Fahnen zu den Kasernen, auf allen Plätzen patriotische Kundgebungen und die Straßen durchdrungen von Hurrarufen allenorts. „Zwei Tage später stürmt das X. Armeekorps, stürmen diese Truppen Lüttich, vollbringen die erste Ruhmestat des Weltkrieges", rühmte die „Niedersächsische Tageszeitung". Daß in diesen Tagen auch die Werkszeitungen mit glühenden Appellen nicht sparten, verwundert nicht. Die Hanomag-Betriebszeitung beispielsweise druckte auf ihrem Titelblatt vom August ein Foto des Kriegerdenkmals im Werk und nannte die Namen aller gefallenen Firmenmitarbeiter. „Kameraden unserer Hanomag! Anläßlich des Tages, an dem vor 25 Jahren eine uns feindlich gesinnte Welt über uns herfiel, gedenken wir in ehrfürchtigem Schweigen der Gefallenen des Weltkrieges und der nationalsozialistischen Bewegung. Ihr Opfer verpflichtet uns, in ihrem Geiste, getragen von ihrem heiligen Glauben, weiterzukämpfen für die Größe und Herrlichkeit unseres großdeutschen Vaterlandes, möge kommen, was da wolle. Die Vorsehung ist mit uns, weil sie uns den Führer gab."

Auch der am 2. August 1939 veröffentlichte Tagesbefehl an die deutsche Wehrmacht beschwor „Geschlossenheit, Einsatzbereitschaft und Tapferkeit wie 1914", und am selben Abend kamen die Hannoveraner vor dem von Fackelschein erhellten Opernhaus zu einer festlichen Stunde zusammen. Vom Klagesmarkt rückten Truppenverbände der hannoverschen Garnison über die Nordmannstraße und die Georgstraße mit klingendem Spiel an. Vor dem Opernhaus wurde der Große Zapfenstreich „zelebriert", die Soldaten nahmen den „Helm ab zum Gebet" – die Hannoveraner sollten den Eindruck gewinnen, daß bei allem, was da kommen werde, ihr Schicksal bei der Wehrmacht in sicheren Händen ruhe. Am Vormittag waren Mannschaften und Zivilisten in der Fahnenhalle des Generalkommandos am Misburger Damm zu einer „eindrucksvollen soldatischen Feier" in Erinnerung an den Mobilmachungstag 1914 angetreten. Der Kommandierende General von Leeb erinnerte an die Schlachten des Weltkrieges, appellierte an den „Frontgeist" und an soldatische Tugenden wie Tapferkeit und Einsatzbereitschaft, und ließ keinen Zweifel daran, daß sich im Fall einer neuen kriegerischen Auseinandersetzung das Ende diesmal anders darstellen werde. „Wenn damals nicht der Endsieg bei den deutschen Waffen geblieben ist, so sind hierfür die schwache politische Führung, die Zerrissenheit und der Hader der Parteien unter sich verantwortlich zu machen." Jetzt, 1939, allerdings könne es nicht zweifelhaft sein, „zu wessen Seite sich heute der Sieg neigen würde. Die jüngste Vergangenheit hat gezeigt, daß die kluge Politik des Führers Aufgaben gelöst hat, ohne daß das Schwert nach allen Seiten geführt werden mußte", erklärte General von Leeb bei diesem Appell in der Fahnenhalle.

In der Beilage „Ehr und Wehr" des „Hannoverschen Anzeigers" wurden die Leser von einem Dr. Gerhard Scholtz unverhohlen auf den bevorstehenden Kampf eingestimmt: „. . . der Krieg ist keineswegs eine unerträgliche Folge entsetzlicher Schrecknisse. Vielmehr kann jeder Erfahrene nur bestätigen, daß es auch im Kriege viele gute Taten gibt, zuweilen viel tiefer empfundene als im Gleichschritt der Wochen im Frieden. Der Krieg ist keine spaßhafte Sache. Er ist aber auch keineswegs so, daß man das herzhafte Lachen dabei ganz verlernen könnte." Im Tagebuch von Wilfried Nordmann hieß es im August: „So scheint denn ein neuer Weltkrieg unvermeidlich", eine Ansicht, die von vielen Hannoveranern inzwischen vermutlich geteilt wurde. „Was wir täglich über die Polen hörten, die den Deutschen den freien Zugang nach Danzig verwehren wollten, ging nun wirklich zu weit. Wir meinten in unserer nationalen Begeisterung, daß wir uns nun endlich unserer Haut erwehren müßten, aus der Schicksals- wurde die große Volksgemeinschaft", schildert Gerhard Stoffert seine Empfindungen als Jugendlicher. Ähnlich sah es auch Hermann Rust, der damals nach Auflösung des Goethegymnasiums die Hindenburgschule besuchte. „Wir als junge Leute von 17 und 18 Jahren hielten es für durchaus gerecht, die Eingliederung der deutschen Stadt Danzig in das Reich zu verlangen. Sollte das nicht friedlich auf dem Verhandlungsweg möglich sein, so müßte Polen eben mit Waffengewalt dazu gebracht werden." In der Stadt machten Witze die Runde wie dieser: „Was macht der deutsche Reichsadler? Er frißt die polnische Taube, scheißt auf den britischen Zylinder und wischt sich mit der französischen Trikolore den Hintern ab."

Daß in diesen Tagen die diplomatischen Drähte in Europa heißliefen, wußte die Bevölkerung natürlich aus der gelenkten Presse. Frankreich und England hatten Garantieerklärungen für die Unversehrtheit Polens abgegeben, und die deutsche Regierung bemühte sich um die Unterstützung des faschistischen Italiens im Falle einer Auseinandersetzung an der Ostgrenze. Nach außen aber wurde Friedenswille demonstriert. Daß es auch zwischen den Westmächten und der Sowjetunion Militärverhandlungen gegeben hatte, war in Presseartikeln, in denen immer wieder die Gefahr der Einkreisung Deutschlands heraufbeschworen wurde, zwar erwähnt worden. Doch als die Hannoveraner am 22.

August ihre Morgenzeitungen aus dem Briefkasten holten, waren sie wie vom Donner gerührt. ,,Nichtangriffspakt Berlin-Moskau" schrien ihnen fette Schlagzeilen entgegen. Sie erfuhren, daß Reichsaußenminister Joachim von Ribbentrop einen Tag später nach Moskau reisen sollte, um diesen Nichtangriffspakt zu unterzeichnen. Die Verhandlungen dafür waren in aller Stille gelaufen, um so lauter klangen nun die Sondermeldungen und Nachrichten. Daß am Abend eben dieses 22. August auf dem Obersalzberg die Befehlshaber der Wehrmacht und die Kommandierenden Generale aus dem Munde Hitlers noch einmal erfuhren, daß er nun endgültig zum militärischen Angriff auf Polen entschlossen sei, stand wieder nicht in den Zeitungen. Auch das geheime Zusatzabkommen, in dem Hitler und Stalin sich darauf geeinigt hatten, den Osten Polens an die Sowjetunion abzutreten, blieb der Bevölkerung verborgen, die auch so genug damit zu tun hatte, die Nachrichten aus Berlin zu verdauen. ,,Was wir hörten, schien uns wie eine Erlösung", erinnert sich Hermann Rust. Die jüngere wie auch die ältere Generation seien der Überzeugung gewesen, ,,daß Polen es sich angesichts der Umklammerung von zwei Großmächten nicht erlauben konnte, weiterhin Hitlers Forderung auf Eingliederung von Danzig in das Reich und die Duldung einer Autobahn durch den damaligen Korridor zu verweigern". Für viele war es nicht einfach, den diplomatischen Schwenk der Machtpolitik nachzuvollziehen. Erst war ihnen eingehämmert worden, die Russen seien Untermenschen, und nun einigte sich Hitler mit diesen Bolschewisten auf einen Pakt. In Wilhelm Stier, der zuvor schon seine eigenen Erfahrungen als Soldat an der Ostgrenze hinter sich hatte, schien noch einmal ein Funken Hoffnung aufzukeimen. ,,Für einen Moment dachten wir, die Kriegsgefahr sei gebannt."

Franz Pansy, der sich an jenem Tag gerade bei Freunden in einer kommunistisch geprägten Familie aufgehalten hatte, erinnert sich, ,,wie wir alle mit erschrockenen Gesichtern dasaßen, als die Meldung durchs Radio kam. Die waren richtig orientierungslos, denn schließlich war die große Sowjetmacht bis dahin ihr ganzes Ideal gewesen. Und nun hatte der Verbrecher Hitler dem Diktator Stalin die Hand gereicht. Die Stimmung war jedenfalls sehr gedämpft." Der Vater von Karl Lange, ein strammer Nazi aus Linden, erklärte seinem Sohn am 22. August nach Lektüre der Morgenzeitung: ,,Das kann gar nicht gutgehen, sich mit dem Teufel zu verbünden", während der spätere Museumsdirektor Helmut Plath an einen ,,genialen Schachzug" Hitlers glaubte, durch den ein Zweifrontenkrieg im Osten und Westen verhindert werden könne. ,,Von dem Zusatzabkommen ahnten wir jedoch nichts."

Sollte es Hitler wieder einmal geschafft haben, seine Ansprüche auf freien Zugang nach Danzig auf dem friedlichen Weg durchzusetzen, fragten sich viele Hannoveraner anläßlich dieser neuen Machtkonstellation. Sie wurden bald eines anderen belehrt. Was hatte Hitler seinen Heerführern denn am 22. August auf dem Obersalzberg mitgeteilt? ,,Auch wenn im Westen Krieg ausbricht, bleibt die Vernichtung Polens im Vordergrund. Mit Rücksicht auf die Jahreszeit ist eine schnelle Entscheidung erforderlich . . ."

Zeitweise wurde die wachsende Spannung der Weltpolitik in den ersten Augustwochen durch naheliegendere Ereignisse in Hannover überdeckt. Vor dem hannoverschen Schwurgericht fand ein Prozeß gegen einen 35 Jahre alten Mann statt, der im Mai die 15jährige Elfriede Busse am Bauweg in Linden mit einem Küchenmesser erstochen hatte. Am 11. August wurde der Angeklagte zum Tode verurteilt, eines von mehreren Todesurteilen, die hannoversche Gerichte in diesem Jahr fällten. Am folgenden Wochenende stand die Stadt im Zeichen der 28. Deutschen Rudermeisterschaften auf dem Maschsee, und 10 000 Besucher an den Ufern vergaßen für kurze Zeit den Ernst der politischen Lage. Daran erinnert wurden sie allerdings durch ständig wiederkehrende Luftschutzalarmübungen. ,,Die Sirenen werden alle paar Tage ausprobiert. Ich glaube, sie wollen die Hannoveraner schon langsam an diesen Ton gewöhnen", notiert Franz Nitschke nach Rückkehr aus der Fernschreibvermittlungsstelle des Luftnachrichtenregiments 1 in der Arndtstraße in seine Wohnung in Ahlem am Abend des 14. August. ,,Damals ging es bei unserer Dienststelle, die harmlos Luftnachrichtenübungsstelle Hannover hieß, ziemlich ruhig zu. Das änderte sich aber, als die Mobilmachung zehn Tage später angeordnet wurde", so Nitschke, der am 20. August noch zum Oberfeldwebel befördert worden war.

Der 17jährige Helmut Rohde, damals im zweiten Lehrjahr bei der Feinkostfabrik Appel in der Nordstadt, hatte am 24. August an einem 25-km-Marsch teilgenommen. Als er am Abend auf der Landstraße zwischen Havelse und Stöcken wieder nach Hause zurücklief, da fielen ihm zwischen den beiden Orten zahlreiche Militärfahrzeuge am Straßenrand auf. ,,Kuriere eilten hin und her, es herrschte unheimliche Hektik. Ob es sich dabei um eine Übung gehandelt hat, von denen es ja viele am Stadtrand damals gab, weiß ich nicht mehr. Aber irgend etwas Bedrohliches schien in der Luft zu hängen." Keine 24 Stunden später traf in Hannover der Befehl zur Mobilmachung ein.

Die Wehrmacht machte Ende August 1939 mobil, doch in Herrenhausen liefen die Tanzfestspiele bis zum Vorabend des Kriegsbeginns weiter.

Am X-Tag füllten sich die Kasernen – Mobilmachung

25. bis 31. August

Am Abend des 25. August 1939 begeben sich festlich gekleidete Hannoveraner bei warmem Sommerwetter hinaus nach Herrenhausen. Im Theater des Großen Gartens tritt die Ballettgruppe des Opernhauses wieder zum Ballett vor der Heckenkulisse auf, ein Tanzvergnügen im Stil des höfischen Barocks. Niemand der fröhlich gestimmten Gäste ahnt zu diesem Zeitpunkt, daß etwa drei Stunden zuvor der Mobilmachungsbefehl in der Nachrichtenzentrale beim Stab der 19. Infanteriedivision am Waterlooplatz eingegangen ist. ,,X-Tag'' soll der 26. August, ein Sonnabend, sein, und eigentlich sollte an diesem Tag morgens um 4.30 Uhr schon der Angriff auf Polen beginnen. Um 15.02 Uhr hatte Adolf Hitler am Freitag den ,,Fall Weiß'' befohlen, das diplomatische Tauziehen um eine friedliche Regelung über die ,,polnische Frage'' sollte endlich ein Ende haben.

Schon zwei Tage vorher waren in Paris die Reservisten in die Kasernen gerufen worden, französische Verbände standen an der Maginotlinie, in London traf man Vorbereitungen zur Verdunklung. In den Niederlanden waren die Bürgermeister durch das Oberkommando der Armee aus dem Urlaub zurückbeordert worden, und in Washington machten sich Diplomaten und Militärs bei einer Konferenz im State Department Sorgen um die Sicherheit von etwa 100 000 US-Staatsbürgern, die sich zu dieser Zeit in Europa aufhielten. Die Zeichen standen auf Sturm in Europa, und die Welt war nur noch einen kleinen Schritt vom Abgrund entfernt. Doch am Nachmittag dieses 25. August, als die Militärmaschinerie angelaufen war und die Angriffsbefehle an die Stäbe der Feldtruppen herausgeschickt waren, da erreichte Hitler in der Reichskanzlei eine Nachricht, die seine Aggressionspläne vorerst über den Haufen warf. Gegen 17 Uhr wurde in Berlin bekannt, daß England noch an diesem Tag mit Polen einen Bündnisvertrag unterzeichnen werde, und eine Stunde später wußte Hitler auch, daß er zunächst nicht auf Mussolinis Unterstützung bauen konnte. Der italienische Botschafter Attolico überbrachte gegen 18 Uhr ein Schreiben des Duce, in dem der ,,loyale Freund'' aus Rom Hitler eine glatte Absage für den bereits angeordneten Angriff erteilte. Zwar erklärte sich Mussolini zu jeder politischen und wirtschaftlichen Flankendeckung des deutschen Vertragspartners bereit, falls es zu einem ,,lokalisierten'' Konflikt kommen sollte. Aber: ,,Wenn Deutschland Polen angreift und dessen Bundesgenossen einen Gegenangriff gegen Deutschland eröffnen, gebe ich Ihnen im voraus zur Kenntnis, daß es opportun ist, wenn ich nicht die Initiative von kriegerischen Handlungen ergreife, angesichts des gegenwärtigen Standes der italienischen Kriegsvorbereitungen.''

Kaum hatte der italienische Diplomat die Reichskanzlei wieder verlassen – zu der Zeit machten sich im Garten des Theaters von Herrenhausen die Solotänzer und Komparsen gerade für ihren Auftritt zurecht –, da widerrief Hitler gegenüber dem Chef des Oberkommandos der Wehrmacht, Generaloberst Wilhelm Keitel, den Angriffsbefehl. Die Meldungen, die jetzt aus den Nachrichtenbunkern von Heer, Luftwaffe und Marine an die vorgeschobenen Truppenstäbe abgingen, dürften auch über die Funkstrecken des Luftnachrichtenregimentes 1 und seiner Dienststellen in Hannover gelaufen sein. Von den Hintergründen ahnten die Offiziere im Generalkommando am Misburger Damm vermutlich nichts. Die Mobilmachung der Reservisten für das Ersatzheer lief weiter.

An diesem Nachmittag wurde bekanntgegeben, daß die mit viel propagandistischem Pomp geplante Tannenbergfeier am 27. August aus Anlaß der 25. Wiederkehr des Tages der Schlacht in Ostpreußen abgeblasen worden war. Über Rundfunk verfolgten die Hannoveraner einen Bericht von der Einfahrt des Schulschiffes ,,Schleswig-Holstein'' zu einem ,,Freundschaftsbesuch'' in Danzig. Eine Woche später wird die ,,Schleswig-Holstein'' ihre Artilleriegeschütze gegen die Westerplatte richten und den ersten Schuß des Zweiten Weltkrieges abfeuern. Um 18 Uhr begann im neuen Rathaus unter Leitung von Oberbürgermeister Haltenhoff die letzte Ratssitzung vor Kriegbeginn. Gegen 20.35 Uhr war die vollkommen belanglose Tagungsordnung abgehakt, ging man auseinander oder traf sich im Keller des Alten Rathauses noch auf ein Bier. Um diese Zeit schlossen bereits einige Kasernentore in Hannover. Erste Stadtstreifen wurden ausgeschickt, um Urlauber zurückzuholen. Wie ein Uhrwerk begannen nun die Maßnahmen anzulaufen, die seit langem bis in alle Einzelheiten festgelegt worden waren. Aus den Panzerschränken der Wehrmachtdienststellen wurden die versiegelten

Umschläge mit den Mob-Befehlen herausgenommen, Fernsprechzellen vor den Kasernen in Bothfeld versiegelt, um den Soldaten das Telefonieren zu verwehren. In den kommenden 48 Stunden rollte die Mobilmachung in Hannover mit unheimlicher Präzision ab. Weil man überall die Reservistenjahrgänge zu den Waffen rief, sagte die Reichsleitung der Partei auch den bevorstehenden Parteitag in Nürnberg ab, die weitgehend leeren Kasernen mußten schnell gefüllt werden.

Der Flughafen an der Vahrenwalder Heide wurde Ende August der Luftwaffe unterstellt.

Um einen genauen Überblick darüber zu gewinnen, wer noch zusätzlich zum Militärdienst einberufen werden könnte, hatte die Reichsregierung bereits Wochen vorher die Anfertigung einer neuen ,,Volkskartei" veranlaßt. Vom 13. bis zum 19. August mußten alle Personen zwischen dem 14. und dem 70. Lebensjahr erfaßt werden, Einzelheiten waren in öffentlichen Bekanntmachungen der Tageszeitungen am 8. August zu lesen. ,,Die Partei hat in Hannover der Polizeibehörde die politischen Leiter für die Durchführung der Erfassung zur Verfügung gestellt. Die Blockleiter verfügen durch die von ihnen geführten Hauskarteien der Einwohner über die Möglichkeit, die Hausbewohner annähernd vollzählig zu erfassen", hieß es am 10. August im Nachrichtenblatt der staatlichen Polizeiverwaltung Hannover. Genau darauf kam es an: die vollständige Erfassung aller Bürger. Eile war Anfang des Monats August geboten, und so mußten die Braunhemden die ausgefüllten Karten der ,,Volkskartei" umgehend bei den Polizeirevieren in Hannover abliefern. Dort lagen sogenannte Hausstandsbücher, mit denen nun jeder einzelne registrierte Bewohner verglichen werden konnte, preußische Perfektion war angesagt. Am 30. August ließ der Polizeipräsident die Angehörigen seiner Verwaltung noch einmal daran erinnern, daß auch die Personalien von Juden in der Kartei notiert werden müßten. ,,Die Reviere werden darauf hingewiesen, daß der sorgfältigen Herstellung der Listen der in die Volkskartei noch aufzunehmenden Personen größte Bedeutung zukommt für die Erstellung des Wehrmachtersatzes. Die Lage erfordert die gewissenhafteste Ausführung und die beschleunigte Erledigung." Natürlich brauchte man die Namen der hannoverschen Juden nicht, um diese zur Wehrmacht einzuberufen. Doch je genauer man wußte, in welchen Straßen und Häusern noch Juden lebten – zu Kriegsbeginn waren immerhin noch 2300 jüdische Mitbürger registriert –, desto schneller hatte man später den Zugriff auf sie. Und dieses ,,später" ließ nicht lange auf sich warten.

Frühmorgens am 26. August – X-Tag laut Mobilmachungsbefehl – fuhren Luftwaffenoffiziere auf dem hannoverschen Flughafen an der Vahrenwalder Heide vor und erklärten der zivilen Verwaltung des Platzes, daß die Luftwaffe das Flugfeld einschließlich sämtlicher Diensträume und technischer Anlagen mit Inventar zur ,,Durchführung militärischer Maßnahmen" beschlagnahmen müsse. Der Zivilflughafen Hannover, mit dessen Ausbau 1934 im Rahmen von Arbeitsbeschaffungsmaßnahmen begonnen worden war, war schon seit Mitte der dreißiger Jahre von Luftwaffenverbänden genutzt worden. Dort befand sich eine Flugzeugführerschule für den Nachwuchs des Boelcke-Geschwaders, für dessen Maschinen der Flugplatz in Langenhagen-Evershorst angelegt worden war. Ju-52, Focke-Wulf und andere Maschinen der Luftwaffe waren schon bisher auf dem Flughafen stationiert, und hier absolvierte auch die hannoversche Gruppe des NS-Fliegerkorps ihre Übungsstunden. Am 26. August wurde die zivile Führung von den Militärs abgelöst, fünf Tag später verließ die letzte Verkehrsmaschine das Flugfeld in Vahrenwald. Immerhin war Hannover nach Berlin für die deutsche Reichspost zweitwichtigster Luftpostumschlagplatz, und 1939 führten insgesamt siebzehn Fluglinien über die Gauhauptstadt. Vom 1. September an steuerten Maschinen der Luftwaffe oder solche im diplomatischen Verkehr den Flughafen an der Kugelfangtrift an, dessen Tradition weit zurückreichte. Im Ersten Weltkrieg waren von Vahrenwald aus Zeppelin-Luftschiffe zum Flug gegen England gestartet, nun sollte der Flughafen in Vahrenwald ebenso wie jener in Evershorst wichtige Aufgaben für den bevorstehenden Luftkrieg erfüllen.

Die Luftwaffe hatte erstmals im Sommer '39 den Wunsch geäußert, den hannoverschen Flughafen ausbauen zu dürfen. Stadtrat Adolf Klapproth von Halle teilte seinen Kollegen in einer Besprechung am 1. August die Absicht der Luftwaffe mit, auf dem Flugfeld ein Jagdgeschwader zu stationieren.

Seine Bemühungen, den Vahrenwalder Flughafen ausschließlich für den zivilen Luftverkehr zu reklamieren, waren vergeblich geblieben. „Die Luftwaffe will den Flughafen erweitern und möchte dafür 40 Hektar bereitgestellt haben", sagte Klapproth von Halle im Beratungssaal im Rathaus. Auf einer Wandtafel erläuterte er die baulichen Vorstellungen der Militärs: Zwischen zwei Einflugschneisen sollten geschützte Hangars und auch Kasernen entstehen, Hannovers Zivilflughafen würde sein Gesicht verändern. Das einzige Hindernis, das der Stadtrat den Luftwaffeningenieuren noch entgegenhalten konnte: Auf dem beanspruchten Gelände lägen zahlreiche schöne Kleingärten, und es werde nicht einfach sein, diese zu beseitigen. Nach längerer Beratung im Dezernentenkollegium ordnete Oberbürgermeister Haltenhoff an, daß man sich den Plänen der Luftwaffe zwar nicht widersetzen werde, die Luftwaffe sollte aber mit den Kleingärtnern selbst verhandeln. Außerdem sollten der Stadt die Grundstücke bezahlt und schließlich die Bauten selbst von der Luftwaffe finanziert werden. Vier Wochen später waren solche Überlegungen durch die Mobilmachung und Übernahme des Flughafens durch das Militär überholt.

Die gerade 18 Jahre alt gewordene Gisela Meier-Bonitz radelte am 26. August nach einem dreiwöchigen Urlaub bei Freunden in der Heide über eine herrliche Apfelchaussee zwischen Kaltenweide und Langenhagen in Richtung Hannover zurück. Sie brannte darauf, ihrer Mutter von den herrlichen Sommerwochen zu erzählen und freute sich, als sie an der Stader Chaussee plötzlich wieder dem Autoverkehr und den Straßenbahnen gegenüberstand. „Die Stadt hatte mich wieder. Plötzlich fielen mir die vielen Menschen auf, die alle in eine Richtung starrten." Auch ihr Blick fiel auf eine endlose Kolonne von Lastwagen an der gegenüberliegenden Straßenseite, dann sah sie graugrüne Uniformen, hastende Männer, hörte kurze, knappe Kommandos. Stiefel knallten auf dem Pflaster. „Was ist denn los?" wollte die junge Frau von einem neben ihr stehenden Mann wissen. „Na, Fräuleinchen, Sie kommen wohl vom Mond! Mobilmachung ist, Krieg gibt's, das is' los." Gisela Meier-Bonitz, die sich als angehender Versicherungskaufmann beim Leipziger Verein Barmenia gegenüber dem Opernhaus bisher keinen Deut um Politik gekümmert und Wochen unbeschwerten Faulenzens hinter sich hatte, traute ihren Ohren nicht. „Meine Beine wurden schwer, ich war steif vor Schreck", schreibt sie in persönlichen Lebensanmerkungen über jenen Moment auf der Stader Chaussee.

Plötzlich kamen ihr Begriffe in den Sinn, die sie zwar häufig gehört, deren Bedeutung jedoch nie richtig erfaßt hatte: Bodenentrümpelung, Feuerpatsche, Luftschutzwart, Verdunklung, Bunker, Flak. „Wir dachten doch lieber an Tanzstunde und Musik, an Fröhlichsein und Verabredungen. Natürlich auch an Schule, Lehrzeit und Beruf, aber doch nicht an Krieg." Kurz darauf war die Achtzehnjährige nach kräftigen Tritten in die Pedale vor ihrem Haus in der Vahrenwalder Straße angelangt und die Treppe zur elterlichen Wohnung hochgehastet, wo sie von ihrer Mutter empfangen wurde. „Kind! Gut, daß du da bist. Habt ihr denn gar nichts gehört, es gibt Krieg." Gisela, die sich damals als begeistertes BDM-Mädchen nie hatte träumen lassen, „daß von Deutschland etwas Böses ausgeht", gehörte zu den vielen Hannoveranern, die sich bald mit dem Gedanken an Krieg, an das Ungewohnte, arrangierten. „Natürlich hatten wir Angst, aber Polen war weit weg, und noch war ja keine Bombe auf Hannover gefallen. Ich behielt noch lange meine Illusionen."

Ein „Putzgeschwader" bei der Bodenentrümpelung. Die ganze Hausgemeinschaft war beim Luftschutz gefordert.

Überall tauchten in diesen Tagen der Mobilmachung in Hannover Pferdegespanne auf. Klack, klack schlugen die Hufe der Pferde auf das Pflaster, Bauern führten die Tiere an der Trense. Vor den Kasernen stauten sich Privatfahrzeuge. Überall beobachteten Hannoveraner von ihren Balkonen das geschäftige Treiben. In Familien, in denen dem Vater oder dem Sohn noch kein Gestellungsbefehl auf den Tisch geflattert war, nahm man die Vorbereitungen gelassener hin, anders dagegen, wo ein Familienangehöriger zu den Waffen gerufen worden war. Walter Anton, der damals in der Pestalozzistraße in Linden lebte und bereits im Juli als gelernter Buchbinder aus der Fahrabteilung 24 zum Aufziehen von polnischen Landkarten ins Generalkommando gerufen worden war, hielt sich am Sonnabend bei Freunden in Buchholz auf. Da die Soldaten schon seit einiger Zeit bei Ausgang zurücklassen mußten, wo sie hingingen, tauchte eine Militärstreife bei Antons Freunden auf und forderte ihn auf, sofort in die Kaserne zurückzukehren. ,,Mein Vater hat mich noch begleitet. Wir kamen nur in Koppel und Schiffchen in die Kaserne, eingekleidet wurden wir erst später." Walter Anton hatte Glück: Während die meisten seiner Kameraden von der Fahrabteilung 24 noch in der Nacht als ,,zweite Welle" an die polnische Grenze aufbrechen mußten, kam er zusammen mit einer Handvoll Soldaten zu einem Kommando nach Bayern. ,,Unser Marschbefehl lautete erst Grafenwöhr, dann Landshut. Als wir nachts zum Hauptbahnhof marschierten, war dort ein wahnsinniger Auflauf. Überall standen SA-Leute in ihren braunen Hemden, klatschten uns zu und schüttelten uns die Hände. Dabei haben wir nur gedacht, hoffentlich sind wir bald zurück." Nie vergessen wird Walter Anton den Auftritt des NSDAP-Ratsherrn und einer der ,,unrühmlichsten Erscheinungen der hannoverschen NS-Szene", Berthold Karwahne. Der war nämlich auf das Standbild von Ernst August geklettert, unübersehbar für die rund tausend Soldaten, die sich vor dem Eingang zum Hauptbahnhof drängelten. Unüberhörbar brüllte Karwahne dann etwas von Vaterland, von blindem Vertrauen auf den Führer und schrie: ,,Kameraden, seid ruhig. Bis Weihnachten ist alles vorbei."

,,Der 26. August war ein Tag wie jeder andere", hatte sich Wilhelm Stier in sein kleines schwarzes Notizbuch notiert, das er während des ganzen Krieges bei sich trug. Nachdem er mit Teilen der 19. Division Mitte August von seinem Schanz- und Übungseinsatz an der deutschen Ostgrenze wieder nach Hannover zurückgekehrt war, hatte er die milden Spätsommertage nach dem Dienst in der Fahrabteilung 24 mit seiner Verlobten Elisabeth genossen. An diesem 26. August war nachmittags um 16 Uhr sein Dienst beendet, obwohl die Mobilmachungsbefehle auch schon in der Schackstraße vorgelegen haben müssen. Das Paar traf sich auf der Alten Celler Heerstraße. Nach einem fröhlichen Nachmittag in der Stadt brachte Wilhelm Stier sein Mädchen abends in deren elterliche Wohnung nach Ricklingen. Auf dem Rückweg zur Kaserne wurde er gegen 21 Uhr von einer Militärstreife am Aegi gestoppt. ,,Wissen Sie nicht, daß sämtliche Wehrmachtsangehörige in die Kasernen zurückgerufen worden sind?" fragten ihn die Soldaten, und als Stier mit einem knappen ,,Nein" antwortete, befahlen sie ihm, sofort seine Dienststelle aufzusuchen. Minuten später radelte Wilhelm Stier an der Stadthalle vorbei zu den Unterkünften der 24. Fahrabteilung. Schon von weitem fiel ihm auf, daß sämtliche Stabsgebäude entlang der Schackstraße hell erleuchtet waren. Nach einem kurzen Stubenappell wurden die Soldaten zu Bett geschickt, doch die Nachtruhe währte nicht lange.

Gegen Mitternacht holte das schrille ,,Aufstehen" des Spießes die Männer aus ihren kurzen Träumen. Kaum hatten sie vor ihren Betten Aufstellung genommen, kam der Regimentskommandeur über den Flur und erklärte: ,,Der Führer hat die allgemeine Mobilmachung der Großdeutschen Wehrmacht angeordnet." Stier mußte zusammen mit einigen Gefreiten und Unteroffizieren rechts raustreten. ,,Wir wurden zur Mobilmachungskammer abgeordnet, wo wir in einer Stunde feldmarschmäßig eingekleidet waren." Jeder erhielt seine Erkennungsmarke um den Hals, die Feldpostnummer trug man vorerst noch in der Hosentasche bei sich, sämtliche Privatsachen wanderten in einen Sack mit Namensschild. Um 3 Uhr stand Stiers Einheit auch auf dem Hauptbahnhof. Dort wimmelte es von Soldaten aller Waffengattungen, die allein oder in Gruppen auf ihre Züge warteten. ,,Wir waren der Grundstock für die Kriegsgarnisonen, was dann später hinter uns als Reservisten eingezogen wurde, war fürs zweite Glied." In einem unbeobachteten Moment war es Stier zu dieser frühen Morgenstunde des 27. August gerade noch gelungen, vom Bahnhof aus in einer Fleischerei im Nebenhaus seiner Eltern anzurufen und zu sagen, daß er nun weg müsse. ,,Die Stimmung war ziemlich gedrückt, niemand wußte schließlich, wohin es gehen würde. Ich war einer der wenigen, die zu Hause noch einen Gruß hinterlassen konnten." Auf der Fahrt sah Stier viele offene Güterzüge mit Panzern und Geschützen in Richtung Polen rollen. Seine Fahrt endete im sächsischen Grimma, wo der Gefreite aus Hannover in eine bereits frei gemachte Artilleriekaserne einrückte, um dort zwei Tage später die ersten Reserveoffiziere im Reiten auszubilden.

Eine Ersatzformation marschierte in den ersten Septembertagen über den Welfenplatz zum Fronteinsatz.

Erinnerungen wie diese an die Mobilmachung haben viele Hannoveraner, aus der Sicht des Soldaten, des Zivilisten im Arbeitsdienst, aus dem Blickwinkel der zurückgebliebenen Verlobten oder Ehefrau. Wilma Meyfarth wollte am 26. August ihren Mann zum Werk der alten „Excelsior" (Conti) nach Limmer bringen, als der Briefträger klingelte und den Gestellungsbefehl für die Luftwaffe brachte. „Ich war hochschwanger und bekam plötzlich unheimliche Angst. Mein Mann ging hoch in den Schlafraum, packte ein paar Sachen zusammen, sagte auf Wiedersehen und war weg. Dabei hatte er an diesem Morgen zum ersten Mal etwas von Luftwaffe gehört." Wilhelm Meyfarth mußte sich bei der Wache des Geschwaders Boelcke in Evershorst melden, wo er die nächsten zwei Wochen beim Bodenpersonal ausgebildet wurde. Kurz nach Kriegsbeginn bekamen dann auch die technischen Mitarbeiter des Fliegerhorstes, von dem aus Kampfmaschinen am Mittag des 1. September nach Polen abhoben, den Abmarschbefehl nach Osten. Wilma Meyfarth weiß noch, wie damals entlang der Vahrenwalder Straße weinende Frauen und winkende SA-Männer und Hitlerjungen gestanden haben, um die abmarschierende Truppe zu verabschieden. „Vorneweg zog eine Kapelle, und als wir hörten, wie schmissig die aufspielten, da waren wir alle überzeugt, daß wir siegen werden."

Mit Musik vorweg marschierte auch der Buchhändler Heinrich Feesche mit seinen Kameraden vom Infanterieersatzbataillon 19 am 27. August von Bothfeld zum Bahnhof Fischerhof. ,,Die Leute standen am Rand der Fahrbahn, aber gejubelt hat niemand. Wir bekamen vor dem Einsteigen in den Zug noch die Feldflasche mit Rum gefüllt." Der Zug fuhr zunächst ,,aus Tarnungsgründen" in Richtung Wunstorf, als Feesche am nächsten Morgen erwachte, stand man am Bahnhof Magdeburg und rollte weiter in Richtung Schlesien. ,,Drei Tage danach übernachteten wir schon in der zweiten Linie im Feld."

Im Henriettenstift und in anderen hannoverschen Krankenhäusern blieb das Personal auch nicht von den Mobilmachungsaktivitäten verschont. Auf die Dächer des Nordstadtkrankenhauses und anderer Kliniken malten Anstreicher riesige rote Kreuze, die Schwestern wurden aufgefordert, Sandsäcke zu füllen und vor die Kellerfenster zu stellen. Jutta Esperstädt hatte damals eigentlich alles andere im Kopf als Krieg, das nahende Staatsexamen erforderte ihre ganze Aufmerksamkeit. Plötzlich kam von der Krankenhausverwaltung die Anordnung, daß sämtliche Lernschwestern sofort Sandsäcke vollschaufeln sollten. ,,Falls Brandbomben fallen . . . hieß es nur zur Begründung, aber das konnten wir uns nicht vorstellen." Noch überraschter war die evangelische Schwester allerdings von der Nachricht, daß das Staatsexamen wegen der Mobilmachung von Oktober vorgezogen werden sollte. Zwei Tage später war sie examiniert. ,,Unter unseren Fenstern zogen Kolonnen von Soldaten durch die Marienstraße in Richtung Aegi." Die Masse Mensch marschierte im Takt.

Um 9 Uhr morgens, als sich Ernst Jünger noch einmal behaglich im Bett in seiner Wohnung in Kirchhorst umdrehen wollte, ,,brachte Louise den Mobilmachungsbefehl herauf, der mich zum 30. nach Celle einberuft". Jünger war davon allerdings wenig überrascht, ,,da sich das Bild des Krieges von Monat zu Monat und von Woche zu Woche schärfer abzeichnete". Zwei Tage später schrieb er in sein Tagebuch: ,,Fortgang der Mobilisation in allen Ländern. Noch wäre Zeit für den Deus ex machina. Was könnte er aber bringen? Das Strittige ist so gehäuft, daß nur das Feuer es aufarbeiten kann."

Hermann Rust spielte am Sonnabendvormittag mit Klassenkameraden während der Pause auf dem Hof der Hindenburgschule Fußball, als ein Lehrer sie aufforderte, sich um 11 Uhr in der Aula einzufinden. Die ehemaligen Goetheschüler waren im März 1939, als das Gymnasium in der Goethestraße geschlossen worden war, an die benachbarte Hindenburgschule übergewechselt. ,,In der Aula eröffnete uns der Direktor in knappen Worten, daß unsere Schule sofort zu militärischen Zwecken geräumt werden müsse. Wir würden durch die Tageszeitungen erfahren, wann der Unterricht und in welchem Schulgebäude wieder aufgenommen würde." Als die Jungen, erfreut über den unerwarteten Urlaub, auf die Straße eilten, da stand vor dem Schultor bereits die ,,Ablösung": junge Männer, gerade ein bißchen älter als sie selbst, Pappköfferchen oder Ledertasche in den Händen, eine ungewisse Zukunft vor sich. Ihr Aufenthalt in der Schule war nur von kurzer Dauer. Wochen später wurde die Hindenburg-Oberrealschule als Feldpostleit- und -sammelstelle von der Wehrmacht übernommen. Unterricht fand dort während des Krieges nicht mehr statt. Als Hermann Rust zu Hause angekommen war, lag auf dem Tisch bereits der Gestellungsbefehl für seinen Vater. Der sollte sich am Nachmittag in der Sammelstelle der Schule Alemannstraße in Vahrenwald einfinden, wohin ihn der Sohn begleitete. ,,Dort waren bestimmt hundert Leute im Alter von meinem Vater versammelt. Sie wurden auf mehrere Klassenräume verteilt, wo man Strohsäcke auf den Boden gelegt hatte, auf denen die alten Herren schlafen sollten." Rusts Vater hatte Glück: Noch ehe die Truppe zu Kriegsbeginn Hannover verließ, war er von seiner am Bau der Reichsautobahn beteiligten Firma als ,,kriegswichtig" und unabkömmlich reklamiert worden.

Daß in zahlreichen Stäben, Dienststellen und in den Kasernen die Soldaten nicht überall pünktlich

Auch die Schwestern des Henriettenstifts in der Marienstraße wurden als Luftschutzhelferinnen eingesetzt.

eintrafen, hatte eine einfache Ursache: Die Mobilmachung war nicht öffentlich durch Zeitungen oder den Rundfunk verkündet worden, vermutlich, weil die Gegner Deutschlands nicht frühzeitig auf den Plan gerufen werden sollten. Daß in den hannoverschen Tageszeitungen kein Wort über die Mobilmachungsvorbereitungen zu lesen stand, obwohl diese spätestens vom 27. August an überall durch militärische Aktivitäten unübersehbar geworden war, überrascht mit dem Wissen von heute nicht. Am 26. August war in den Verlagshäusern an der Goseriede und in der Georgstraße ein mit rot gestempeltes Geheimschreiben des Reichspropagandaamtes Süd-Hannover-Braunschweig eingetroffen, das den Hauptschriftleitern (Chefredakteure) einen Maulkorb für alle militärisch interessanten Veröffentlichungen verpaßte. ,,Durch Eintritt der Zensur" mußten zahlreiche Gesichtspunkte bei der Veröffentlichung in Zeitungen und Zeitschriften beachtet werden, bei deren Mißachtung sich jeder Redakteur und Chefredakteur des Landesverrats schuldig gemacht hätte. Mit ,,Anweisungen", mit ,,Bestellungen" und ,,vertraulichen Informationen" des Propagandaministeriums waren die Journalisten und Redaktionen schon seit Jahren gelenkt worden, die ,,Tagesparolen des Reichspressechefs" gaben ohnehin längst vor, was alles und mit welcher Tendenz an die Bevölkerung weiterzugeben war. Verboten waren ab sofort sämtliche Berichte, ,,aus denen Rückschlüsse auf die Führung militärischer Operationen möglich sind, insbesondere über Standortzusammensetzungen, Stärke und Bewaffnung der Streitkräfte, Neuaufstellungen, Truppen- und Materialtransport, Bewegungen von Kriegsschiffen, Sichten von Flugzeugen, Eintreffen höherer Kommandobehörden . . ., Reiseziele und Reisetage höherer politischer Führer, die die Wehrmacht besuchen, sowie deren Aufenthaltsort nach Eintreffen". Natürlich durften auch keine Angaben über Rüstungsbetriebe, militärische Dienststellen, über Waffenfabriken oder Befestigungsanlagen in Wort und Bild auftauchen, geschweige denn Nachrichten über bauliche Veränderungen von Verkehrswegen sowie die Bereitstellung von Material und Personal für das Militär. Daß keine Verluste in personeller und materieller Hinsicht bekanntgemacht werden durften, wurde ebenso angeordnet wie das Verschweigen von Maßnahmen zum Schutz von Straßen und Wegen. Aus diesem Grund fanden sich in den nächsten Wochen und Monaten auch in Reportagen über militärische Dienststellen in Hannover keine Angaben, beispielsweise über die Straße oder den Stadtteil oder gar über die Herkunft von Truppenverbänden. Große Berichte im ,,Hannoverschen Anzeiger" über das Heeresbekleidungsamt blieben nach Kriegsbeginn ohne den Vermerk, daß diese modernste Wehrmachtsbehörde an der Schulenburger Landstraße in Hainholz lag. Ähnlich auch bei Reportagen über die ersten Verwundeten, die im Zuge des Polenfeldzuges zur Versorgung nach Hannover gebracht wurden. Man erfuhr zwar, daß die Soldaten tapfer in Polen gekämpft hätten, nicht aber in welcher Einheit und wo.

Wurden diese Anweisungen der Zensurbehörde von den Redakteuren in eigener Verantwortung befolgt, so unterlagen andere Veröffentlichungen der vorherigen Durchsicht durch die Militärzensur. Das galt für Abwehrangelegenheiten, wie Spionage-, Sabotage- und Landesverratsfälle ebenso wie für Militärnachrichten, Maßnahmen der Verkehrsüberwachung und Fälle von Gefangenenflucht. Über feindliche Angriffe auf das Heimatgebiet durch Luftangriffe – die laut Hermann Göring eigentlich nicht zu erwarten waren – durfte ebensowenig berichtet werden wie über Fallschirmabsprünge, Gas- und Bazillenkrieg und Artilleriefeuer, bevor nicht der Zensor im Reichspropagandaamt in der Dincklagestraße seine Genehmigung gegeben hatte. Auch für den Anzeigenteil war schon mit Weisung vom 25. August verfügt worden, ,,daß alle Anzeigen mit militärischem oder wehrwirtschaftlichem Inhalt" zensurpflichtig waren.

Welche Auswirkungen diese Zensurbestimmungen auf die ohnehin schon der strengen Propagandalenkung der Partei ausgesetzte Berichterstattung hatten, wurde im Februar 1940 deutlich, als Schnee und Frost das öffentliche Leben in Niedersachsen stark beeinträchtigten. In einem Schnellbrief hatte der Regierungspräsident von Hannover das Reichsministerium des Innern in Berlin um die Lockerung der Zensurbestimmungen in einem wichtigen Punkt gebeten. ,,Seit Beginn des Krieges", hieß es

Schon wenige Tage nach Kriegsbeginn herrschte in der Feldpostsammelstelle in der geräumten Hindenburgschule Hochbetrieb.

in dem Schreiben, „ist jede Veröffentlichung von Wettervorhersagen unterblieben. Dies dient offenbar dem Luftschutz. Aber wie in den langen ruhigen Zeiten dieses Krieges durch die Luftschutzverdunklung nicht lebenswichtige Interessen wie der Güterverkehr auf Eisenbahn und Kanal gefährdet werden dürfen, so darf in diesem strengen Notwinter durch das Ausbleiben der Wettervorhersagen nicht die Versorgung von Bevölkerung und Wehrmacht mit Kohlen, Kartoffeln und Gemüse erschwert werden. Bei dem bevorstehenden Wechsel von Tau- und Frostwetter muß die gesamte Bevölkerung, um richtig disponieren zu können, die Wettervorhersagen kennen. Militärische Belange werden hierdurch derzeit sicherlich nicht beeinträchtigt. Ich bitte, das Weitere möglichst umgehend zu veranlassen", appellierte der Regierungspräsident an Berlin.

Getreu der Verschlossenheit bei Themen mit militärischem Hintergrund, erfuhren die Hannoveraner natürlich auch nichts davon, daß zahlreiche Schulen für die Wehrmacht frei gemacht und daß normale Krankenhausbetten zugunsten von Wehrmachtsansprüchen freigehalten werden mußten. Als in diesen letzten Augusttagen die ersten Nebenstellen des neuen Wirtschaftsamtes in hannoverschen Stadtteilen eingerichtet wurden, bediente sich die Verwaltung auf der Suche nach freien Räumen zuerst der Schulen. Viele Lehrer waren eingezogen, andere Lehrkräfte mußten als Helfer in den Ausgabestellen für die Lebensmittelkarten einspringen. Die Schüler wurden in den ersten Tagen zu Luftschutzeinsätzen herangezogen, mußen Einberufungsbescheide in die Häuser tragen oder als Erntehelfer auf den Feldern einspringen, weil der Bauer oder seine Knechte einberufen worden waren.

Bei Feiern, Paraden und im Ernstfall konnten sich die Nationalsozialisten auf die Jugend verlassen.

„Schule fand in diesen Wochen sowieso nicht richtig statt", erinnern sich zahlreiche Hannoveraner jener unruhigen Tage. Für viele von ihnen wurden in dieser Zeit die Hitlerjugend oder der Bund Deutscher Mädchen die zweite Heimat neben dem Elternhaus.

Weil normaler Unterricht unter den Bedingungen von Mobilmachung und Kriegsbeginn ohnehin illusorisch gewesen wäre, ordnete die Regierung die Verlängerung der Sommerferien bis in den September hinein an. Kinder und Jugendliche standen somit der Partei und ihren Untergliederungen auch in Hannover als willfährige Hilfstruppen zur Verfügung. Nur etwa jede sechste der etwa 65 Volksschulen blieb von schulfremden Einquartierungen verschont, und auch an den Realschulen und Gymnasien sah es nicht viel besser aus. Die Bismarckschule am Maschsee wurde Tage vor Kriegsbeginn in ein Reservelazarett umgerüstet, an der Humboldtschule mußten einige Räume an die Polizei abgetreten werden, und die Stadtverwaltung beantragte an der Schillerschule und der Elisabeth-Granier-Schule mehrere Klassenräume für das Ernährungsamt. Die Hindenburgschule war als Feldpostsammelstelle blockiert, und in den noch freigebliebenen Schulen mußten die Schülerinnen und Schüler aus mehreren anderen Gebäuden in einem komplizierten Organisationsplan zusammengefaßt werden. So mußten sich die Schüler der Leibnizschule an der Alten Celler Heerstraße nach Wiederaufnahme des Unterrichts Mitte September bereits morgens um 8 Uhr einfinden, pünktlich um 13 Uhr waren dann die Jungen und Mädchen aus der Hindenburgschule mit ihrem Unterricht dran. Nicht nur die Leibnizschule hatte ab September die Schüler aus zwei Schulen aufzunehmen, auch in anderen Schulen wurde es eng. Im Ratsgymnasium wurden auch die Schülerinnen und Schüler des Kaiser-Wilhelm-Gymnasiums, der Goethe-, der Schiller- und der Wilhelm-Raabe-Schule sowie der Kaiserin-Auguste-Viktoria-Schule unterrichtet, was nur im Schichtdienst funktionieren konnte und zwangsläufig zu Unterrichtsverkürzungen führte. Ähnlich an der alten Tellkampfschule, wo unter anderem die Bismarck- und die Humboldtschüler Gastrecht genossen.

Am 26. August, dem Tag der Mobilmachung, hatten zahlreiche Lehrer der Bürger- und Mittelschulen und der Gymnasien ihre Einberufungsbescheide bereits in der Tasche. Als die Schulkinder am folgenden Montag in die Klassenräume strömten, da befanden sich viele ihrer alten Lehrer schon auf der Fahrt in die Bereitstellungsräume im Osten. Nach dem durch einen Befehl Görings zum 1. September verordneten Schulfrei sah sich die Schulverwaltung bald einem zusätzlichen Problem gegenüber, dem Luftschutz. Bei einer Besprechung mit den Direktoren der höheren Schulen am 9. September ließ Stadtschulrat Dr. Fischer die Schulleiter wissen, daß der Unterricht nur dann wieder in beschränktem Umfang aufgenommen werden könne, wenn ,,ausreichender Luftschutz und die notwendigen Alarmvorrichtungen'' vorhanden seien. Als erster Schultag nach Kriegsbeginn wurde für die Gymnasien der 13. September angeordnet, doch nicht überall waren bis dahin ausreichende Räumlichkeiten für den Luftschutz gewährleistet. Die Goetheschule, die durch die Nähe zum städtischen Gasometer besonders gefährdet war, verfügte zunächst nicht über genügend Luftschutzplätze, doch war dort bereits mit dem Ausbau eines Kellerraumes begonnen worden. An der Elisabeth-Granier-Schule fanden zwar 138 Schulkinder und Lehrkräfte im Luftschutzraum Platz, doch machte die Oberstudiendirektorin Schubart darauf aufmerksam, daß der Keller auch von zahlreichen Anwohnern aus der Nachbarschaft aufgesucht werde, sobald die Alarmsirenen ertönten. An der Wilhelm-Raabe-Schule fehlte etwa ein Drittel des vorgeschriebenen Platzes.

Auch andere Schulen, wie die durch die Nähe zum Continentalwerk Vahrenwald besonders gefährdeten Luther- und Herschelschule, klagten darüber, daß die für sie reservierten Plätze stark von der Nachbarschaft in Anspruch genommen werden, wie sich bei vielen Luftschutzübungen gezeigt habe. Auf ähnliche Probleme machte auch die Leibnizschule, die ihre Klassenräume mit den Schülern der Hindenburgschule teilen sollte, am 11. September den Stadtschulrat aufmerksam. ,,Die Leibnizschule ist infolge ihrer Lage sehr gefährdet, da der Hauptbahnhof nur 300 Meter entfernt ist und die Gebäude des unmittelbar benachbarten Gefängnisses den Eindruck von Kasernen machen'', schrieb Oberstudienrat Schulze an die Verwaltung. Zwar könne man etwa 550 Schulkinder in den unzureichend geschützten Kellerräumen unterbringen, aber Erfahrungen während der letzten Alarme würden die Schule vor erhebliche Probleme stellen. ,,Erst nach der Anordnung der Schulschließung am 1. September wurde unser Kellerraum durch die Polizei zum öffentlichen Sammelschutzraum erklärt. Es zeigte sich nun, daß der Keller in der Nacht vorwiegend von Bewohnern der umliegenden Straßen und von Reisenden aufgesucht wurde – am Tage aber außerdem noch von sehr vielen Straßenpassanten. So wurden bei einem Alarm am Nachmittag über 250 Personen gezählt, die in ihren nassen Kleidern neben dem Luftschutzraum auch noch sämtliche Kellergänge und mehrere Klassen des Erdgeschosses füllten.'' Da mit einem solchen Andrang aber auch künftig bei Alarmen auf der durch starken Verkehr belasteten Alten Celler Heerstraße zu rechnen sei, warnte der Oberstudienrat, werde es erhebliche Schwierigkeiten geben, wenn die Kellerräume mit den Schülern voll belegt seien. ,,Von 8 bis 18 Uhr muß demnach der öffentliche Sammelschutzraum für das Publikum gesperrt bleiben, wenn lebensgefährliches Gedränge und Panikstimmung vermieden werden sollen'', forderte die Schule.

Neben den räumlichen Schwierigkeiten, denen sich viele Direktoren gegenübersahen, erschwerte auch noch ein anderes, mit der Ausbauplanung zusammenhängendes Problem den Aufenthalt in schulischen Schutzräumen. Man hatte lange vor Kriegsbeginn festgelegt, daß eine Belegungsfrequenz von eineinhalb Schülern pro Quadratmeter ausreichend sein sollte, was bei voller Belegung der Keller schnell dazu führte, daß die Luft in diesen splittersicheren Räumen verbraucht war. Oberbürgermeister Haltenhoff sah sich im Oktober zu der Bitte an die Schulleiter veranlaßt, ,, . . . daß Kinder bei Übungen und auch im Ernstfall in stark gefüllten Schutzräumen sich möglichst ruhig verhalten müssen, damit der Luftverbrauch nicht übermäßig groß ist''.

Angesichts solch existentieller Probleme für den Schulunterricht nach Kriegsbeginn traten andere, sonst für das Schulleben wichtige Dinge zeitweise in den Hintergrund. Ehemalige Schüler erinnern sich daran, daß in den ersten Wochen und Monaten nach Kriegsbeginn die von den Nazis so geschätzten Flaggenappelle in den Schulen ziemlich lasch gehandhabt wurden. Schon im Frühjahr 1939 war an höchster Stelle Kritik an der Häufigkeit solcher Appelle laut geworden, so daß sich der Reichsminister für Wissenschaft, Erziehung und Volksbildung zum Eingreifen veranlaßt gesehen hatte. ,,Ich bin von verschiedenen Seiten darauf hingewiesen worden, daß die häufigen Flaggenappelle in den Schulen, bei denen die Nationallieder gesungen werden, geeignet sind, das Singen des Deutschland- und Horst-Wessel-Liedes zu einer alltäglichen Verrichtung herabzumindern und überhaupt der hervorragenden Bedeutung eines Flaggenappells Abbruch zu tun.'' Um eine ,,Verflachung dieser Feierstunde'' zu verhindern, ordnete das Ministerium an, daß Flaggenappelle allein den Gedenktagen am 30. Januar (Machtergreifung), Hitlers Geburtstag am 20. April sowie am 9. November (Tag der Bewegung) vorbehalten sein sollten.

Für den Ablauf dieser Feierstunde an den hannoverschen Schulen war ein exakt einzuhaltendes Ritual vorgeschrieben. Die Klassen hatten sich in Marschkolonne vor den Flaggenmasten auf dem Schulhof aufzustellen, der Klassenlehrer am rechten Flügel. Zu Trommelschlägen und zwei Bläser-

Ende August rollten vor dem Rathaus Lastwagen mit Lebensmittelkarten vor.

fanfaren hatte dann ein ausgewählter Schüler den Flaggenspruch aufzusagen, ehe der Schulleiter vor die Front treten und kommandieren mußte: ,,Zur Flaggenparade stillgestanden. Achtung, die Augen links." Die Lehrer mußten sodann den rechten Arm zum Hitlergruß hochrecken, während die Flaggen am Mast hochgingen. Zum Abschluß hatte der Schulleiter ein paar ,,kernige, passende Worte" zu sprechen und ein Hoch auf den Führer auszubringen, ehe die Nationalhymne erklang und das Kommando ,,Rührt euch, Klassen abrücken" erschallte. Im November 1940 muß wohl auch der Gauleitung in der Dincklagestraße aufgefallen sein, daß das Zeremoniell an den hannoverschen Schulen nicht sonderlich genau eingehalten wurde. Daraufhin wurde der Schulverwaltung ein mehrseitiger, vom NS-Lehrerbund Hannover und der Hitlerjugend ausgearbeiteter Vorschlag zugesandt. Kreisamtsleiter Müller verlangte die verbindliche Anwendung dieses Zeremonienablaufs um sicherzustellen, daß die Flaggenparaden in Zukunft ,,an allen Schulen einheitlich gestaltet werden". Doch das war erst Ende 1940, im August 1939 bestimmten andere Ereignisse das Geschehen in Hannover.

In der Wochenendausgabe vom 26./27. August wurde den Lesern des ,,Hannoverschen Anzeigers" mitgeteilt, daß das für den Sonntag angesetzte Gau-Sportfest der Deutschen Arbeitsfront ausfallen müsse, aus ,,technischen" Gründen, wie es hieß. Die ,,Niedersächsische Tageszeitung" rückte auf der Titelseite einen Kasten ,,An unsere Leser" ein, aus dem die Abonnenten entnehmen konnten, daß ,,durch die Einschränkungen des Verkehrs auf der Reichsbahn" damit zu rechnen sei, ,,daß unsere NTZ während einiger Zeit nicht zur üblichen Zeit eintrifft . . ."

Am Sonntag, 27. August, stand der Bevölkerung ein Ereignis ins Haus, mit dem sich die Menschen während der nächsten fünf Kriegsjahre alltäglich herumschlagen mußten: Die Bezugsscheinpflicht für Lebensmittel wurde eingeführt. Die Nachricht wurde zuerst am Sonntagmorgen durch den Rundfunk durchgegeben, und schon ab Mittag wurden die ersten Lebensmittelkarten ins Haus gebracht. Für die Verteilung der Karten bediente sich die NSDAP ihrer Parteigenossen in den Ortsgruppen, aber auch Hauswarte und Blockwarte wurden mit dem Austragen der Berechtigungsausweise beauftragt. An jenem Sonntagmittag war der dreizehnjährige Heinz Gremmler, dessen Eltern in der Nordstädter Rehbockstraße Hauswartdienste verrichteten, zunächst zum Magazingebäude der Wehrmacht an der Militärstraße (heute Appelstraße) gelaufen. ,,Ich sah, wie vorne Zivilisten mit ihren Pferden durch ein großes Tor einzogen. Es dauerte nicht lange, da kamen diese Pferde mit Geschirren, Karren und Wagen hinter sich herziehend, am Ausgang Schneiderberg wieder heraus. Vermutlich wurden auch die Gespannführer gleich eingekleidet. Als ich nach Hause kam, begleitete ich meine Mutter in die Mädchenberufsschule in der Straße Im Moore, wo wir an langen Tischen die Lebensmittelkarten für unser Haus in Empfang nahmen. Ich lief dann von Stockwerk zu Stockwerk und verteilte sie."

Wer an diesem Sonntag noch nicht genau wußte, was er da in den Händen hielt, wurde in den nächsten Tagen durch die Presse bis ins letzte Detail aufgeklärt. Die allgemeine Bezugsscheinpflicht sei eingeführt worden, um eine ,,gerechte Verteilung lebenswichtiger Verbrauchsgüter sicherzustellen", meldete das Deutsche Nachrichtenbüro aus Berlin zum Auftakt einer gigantischen Kampagne, die insgeheim seit vielen Monaten vorbereitet worden war. ,,Die Ausgabe der Lebensmittelkarten empfanden wir durchaus in Ordnung, denn die Hungerjahre des Ersten Weltkrieges hatten wir alle noch gut in Erinnerung", meint Helmut Plath. Bei der Stadtverwaltung war, wie in allen Kommunen, ein Wirtschafts- und Ernährungsamt eingerichtet worden. Die Abteilung A hatte für die Beschaffung der Lebensmittel und bezugsscheinpflichtigen Verbrauchsgüter wie Seife, Kohle und Spinnstoffe zu sorgen, die Abteilung B war für deren Verteilung zuständig. Während die Zeitungen Hannovers am Montag früh in propagandistischer Manier berichteten, daß die Verteilung der Lebensmittelausweiskarten ganz hervorragend funktionierte und die Bevölkerung es begrüßt habe, ,,daß die Staatsführung von vornherein allen Versuchen irgendwelcher Volksschädlinge das Wasser abgegraben" habe, erhielten der Oberbürgermeister von Hannover und seine Amtskollegen in anderen niedersächsischen

Städten vom Regierungspräsidenten ein Rundschreiben des Reichsernährungsministeriums aus Berlin. Diesem war zu entnehmen, daß die Anordnungen des Ministeriums zur Aufstellung eines Mobilmachungskalenders für die Einrichtung der Wirtschafts- und Ernährungsämter „offenbar nicht überall befolgt worden sind".

Ähnliche Beobachtungen machte im Rathaus am Trammplatz auch der spätere hannoversche Regierungspräsident Fritz Seitz, der sogar von „chaotischen Zuständen" bei der Kartenverteilung berichtet. „Die als geheim eingestuften Vorschriften für die Kriegsbewirtschaftung waren lange vorher bei der Stadtverwaltung eingetroffen", sagt Seitz, doch sollen sie dann unbeachtet in einem Stahlschrank liegengelassen worden sein. „Dadurch kam es zum Chaos der ersten Wochen." Die Ausgabe von Karten an diejenigen Bürger, die bei der ersten Verteilungswelle nicht erfaßt worden waren, wurde in der großen Halle des Rathauses organisiert. Doch dort fehlte es – wie in anderen Verteilerstellen auch – an ausreichendem Personal. Um genügend Hilfskräfte zusammenzutrommeln, bediente sich das Ernährungsamt entweder bei anderen städtischen Behörden oder ordnete das Erscheinen von Lehrkräften an, die in dieser schulfreien Woche in den Schulen ohnehin nicht benötigt wurden. „Die Mitarbeiter wurden buchstäblich von der Straße geholt. Vorzugsweise Hausfrauen wurden, anstatt ihnen die Karten auszuhändigen, soweit sie schreibkundig schienen, gleich an Ort und Stelle verpflichtet und hinter den Schreibtisch gesetzt."

Nachdem der erste Leiter des Amtes, Sondergeld, nach wochenlanger Hektik in der neuen Dienststelle zusammengebrochen war, wurde Fritz Seitz vom Oberbürgermeister zum Leiter des Wirtschafts- und Ernährungsamtes berufen. Die chaotischen Zustände allerdings waren damit nicht sofort beendet. „Das hielt bis zum Winter an, und ich habe manche Stunde in der Rathaushalle verbracht, um die Hilfskräfte einzuweisen. Es gelang dann erst Zug um Zug, in den verschiedenen Stadtteilen dauerhafte Nebenstellen einzurichten, meist blieben sie in den Schulen", erinnert sich Seitz.

Wie anders las sich das, was sich während dieser ersten Tage in der Rathaushalle abgespielt haben muß, in den offiziellen Berichten. „Wie sehr sich die Stadtverwaltung auf den Hochbetrieb eingestellt hat, dafür ein bezeichnendes Beispiel. Sehr viele Mütter treten den Weg zum Rathaus mit ihren Kindern an. Damit diese Kinder nun nicht herumstehen müssen, hat die Stadtverwaltung für sie einen kleinen Kindergarten eingerichtet. Bilderbücher stehen zur Verfügung, und freundliche, nette Kindergärtnerinnen nehmen sich der Kleinsten mütterlich an. Es klappt alles wie am Schnürchen."

Von einem Chaos, wie es Fritz Seitz aus jenen ersten Tagen in der Verwaltung beschreibt, war natürlich auch nicht die Rede, als Oberbürgermeister Haltenhoff der „Niedersächsischen Tageszeitung" einen Monat nach Kriegsbeginn ein Interview gab und dabei auf die Umstellung der Verwaltung von der Friedens- auf die Kriegszeit zu sprechen kam. Diese Umstellung habe die Stadtverwaltung „nicht unvorbereitet getroffen", versicherte das Stadtoberhaupt, dank vorliegender Pläne seien die gravierenden Veränderungen „reibungslos" vollzogen worden. Die Einrichtung des Wirtschafts- und Ernährungsamtes habe zwar viele ehrenamtliche Kräfte gebunden, und auch durch die Einberufung städtischer Mitarbeiter sei die Tätigkeit einiger Ämter leicht eingeschränkt worden. Insgesamt aber, so hob Haltenhoff Ende September hervor, sehe sich die Stadt „für die kommenden Jahre bei Fortdauer des Kriegszustandes nicht vor unlösbaren Aufgaben". Stadtkämmerer Weber gab Wochen später bekannt, daß Hannover monatlich einen Kriegsbeitrag von 1,25 Millionen Reichsmark überweisen müsse, wozu weitere Hunderttausende von Reichsmark für Beihilfen an die Bevölkerung aufzubringen seien.

In den ersten Wochen und Monaten kam man mit den vorgegebenen Mengen auf den Karten gut aus. Not mußte in Hannover noch niemand leiden. Allenfalls eine Not: sich im Geflecht der vielfältigen Bestimmungen und den Dutzenden Kartenabschnitten zurechtzufinden. Auf der ersten vor Kriegsbeginn verteilten Lebensmittelkarte waren 500 Gramm Milcherzeugnisse, Öle oder Fette pro Tag für jeden „Versorgungsberechtigten" zu beziehen, 700 Gramm Fleisch oder Fleischwaren je Woche, 0,2 Liter Milch am Tag (oder 1,4 Liter wöchentlich) sowie 63 Gramm Kaffee oder Kaffee-Ersatzmittel je Woche. 150 Gramm Graupen, Grütze, Grieß, Sago oder Haferflocken, 280 Gramm Zucker und 110 Gramm Marmelade je Woche und sechs Gramm Tee im Monat standen zur Abgabe bereit. Auch Seife und Waschmittel waren sofort rationiert worden, ebenso Kohle, die aber Ende September wieder zum freien Verkauf angeboten wurde. Vorerst gab es noch keine Bezugsscheinpflicht für Eier und Kakao sowie für Hülsenfrüchte und Mehl. Kaum waren die konkreten Bestimmungen über die Bezugsscheinpflicht bekanntgemacht worden, da hasteten viele hannoversche Hausfrauen in die Läden und kauften in Sorge, daß auch die noch nicht mit Beschränkungen belegten Waren bald rationiert würden, weit über ihre üblichen Wochenrationen ein. Weil vor Hamsterkäufen aber gewarnt worden war, kam es nur vereinzelt zu Engpässen in den Ladenregalen. Fischkonserven allerdings sollen schon am 30. August in Hannover

Bezugsscheine, Karten und Sonderausweise für alles und jedes: Die Rationierung von Waren bestimmte das Leben im Krieg. Die erste Reichskleiderkarte wurde im November 1939 ausgegeben.

weitgehend ausverkauft gewesen sein. Als in den letzten Friedenstagen hier und da die ersten Läden schlossen, weil die Geschäftsleute und ihre Angestellten eingezogen worden waren, soll die Polizei in einer öffentlichen Bekanntmachung „in energischem Ton" die Wiedereröffnung verlangt haben. Jegliches Aufkommen einer Panik sollte im Keim erstickt werden.

Die Hannoveraner mußten sich bei ihrem Kaufmann in Kundenlisten eintragen lassen, die dem Händler die Bestellung der rationierten Waren erleichtern und den Versorgungsstellen einen besseren Überblick über die Beschaffung ermöglichen sollten. Da die Lebensmittelkarten nur ganze vier Wochen gültig waren, wurden an die Verteilerorganisationen erhebliche Anforderungen gestellt. Und auch an die Hausfrauen, die sich ständig an neue Mengen, an wechselnde Rationierungsware gewöhnen mußten. Selbstversorger, also jene Hannoveraner, die über eine eigene Landwirtschaft verfügten, waren von einigen Bereichen der gesteuerten Versorgung ausgenommen, Schwerstarbeiter erhielten Sonderzulagen, Kinder der verschiedenen Altersstufen wurden mit unterschiedlichen Mengen eingestuft. Juden waren ab Dezember von bestimmten Zuteilungen vollkommen ausgeschlossen.

Am 29. August wurde mitgeteilt, daß ab sofort auch Benzin nur noch gegen Ausweiskarten abgegeben werden dürfe. Viele der 28 000 hannoverschen Autobesitzer hatten ihre beschlagnahmten Wagen vor den Kasernen abliefern müssen, andere blieben aus Benzinmangel in der Garage. Zuvor allerdings wurden die Reifen abmontiert, die dann an einer der zwölf hannoverschen Sammelstellen für die Bedürfnisse der Wehrmacht abgeliefert werden mußten. In den ersten zwei Monaten nach Kriegsbeginn war es auf den Straßen der Stadt merklich ruhiger geworden, denn lediglich 7000 Fahrzeuge hatten noch eine Betriebsgenehmigung erhalten. Wer noch fahren durfte, erhielt im Oktober 1939 dreißig Liter Benzinzuteilung, bald waren es aber nur noch zwanzig Liter. Benzin, Reifen, Lebensmittel, Haushaltswaren – die Flut der Karten, die über die Hannoveraner in jener Zeit hereinbrach, wollte nicht abschwellen. Auch Textilien konnten nur noch mit Bezugsscheinen gekauft werden, bis dann im November die erste Reichskleiderkarte mit einjähriger Gültigkeit ausgegeben wurde. Schuhe wurden ebenfalls rationiert, zwei normale Paar Straßenschuhe, ein Paar Hausschuhe und ein Paar Arbeitsschuhe waren die übliche Menge, die jedem zugebilligt wurde. Anfang 1940 folgte Hannover dem Beispiel anderer Städte und richtete eine Umtauschstelle für Kinderschuhe ein, in der im ersten Jahr etwa 8400 Paare den Besitzer wechselten. „Reichsseifenkarte, Reichskleiderkarte! Wir muß-

Kurz nach Kriegsbeginn verschwanden die meisten Autos aus dem Stadtbild, Straßenbahnen wurden zum Verkehrsmittel Nummer eins.

ten manchmal nicht, wo uns der Kopf stand, wenn wir in einen Laden gingen und das Alltägliche kaufen wollten", erinnert sich Elisabeth Stier an diese Zeit.

Die politischen Ereignisse überschlagen sich in jenen Tagen, als Europa zielstrebig auf den Krieg zusteuert. In Danzig wächst die Unruhe, und die Zwischenfälle an der deutsch-polnischen Grenze nehmen in bedrohlicher Weise zu. Auf diplomatischem Weg bemüht sich Großbritannien in letzter Minute doch noch, eine Einigung mit Hitler zustande zu bringen, während die englische Flotte in ihre Heimatgewässer zurückbeordert wird. „Alles schreit nach Aufbruch", steht in Wilfried Nordmanns Tagebuch, der bereits am 27. August sein Urlaubsquartier in Grömitz hatte räumen müssen. Als er nach einem Ausflug durch die Lüneburger Heide mit seiner Frau nach Hannover zurückkehrt, sind die Bordsteinkanten in der Innenstadt bereits weiß angestrichen, die Lampenmasten tragen ebenfalls helle Farben, und die Leuchtbirnen sind mit dunklen Schirmen versehen. Überall an den Hauswänden markieren weiße Pfeile den Weg zu den nächsten Luftschutzkellern.

rs — Dienstag 29. August 1939

HA=Sport

Vorläufig keine Pflichtspiele
Eine Anordnung des Reichssportführers

Berlin, 29. August.

Der Reichssportführer hat angeordnet, daß alle Pflichtspiele vorläufig ausfallen. Diese Anordnung bezieht sich auf alle Spielarten, also Fußball, Handball, Hockey, Rugby usw. Auch die vorgesehenen Opfertagsspiele fallen aus. Alle anderen Veranstaltungen können durchgeführt werden. Somit werden sich die Vereine auf Freundschaftsspiele beschränken.

Leichtathletik=Kampf Deutschland-Schweden verlegt

Wie die Reichsführung des NSRL. mitteilt, hat Dr. Ritter von Halt, der Führer des Reichsfachamtes Leichtathletik, den Präsidenten des Schwedischen Leichtathletik-Verbandes, Bo Lindman, in einem Telegramm um eine Verschiebung des Leichtathletik-Länderkampfes Deutschland – Schweden, der am 2. und 3. September im Berliner Olympiastadion stattfinden sollte, gebeten. Begründet wird dieser Wunsch mit den einschneidenden Verkehrsmaßnahmen infolge der gegenwärtigen internationalen Lage. Wegen eines neuen Termines wird zu gegebener Zeit sofort verhandelt.

Die Vorzeichen für den Kriegsbeginn waren für aufmerksame Zeitungsleser unübersehbar geworden.

Ende August wurde der Bevölkerung eine erneute ,,Verdunklungsübung" für die nächsten Tage angekündigt, wobei die Hannoveraner noch einmal genau darauf hingewiesen wurden, was alles zu bedenken sei. Türen, Fenster, Oberlichter und Glasdächer mußten total lichtundurchlässig gemacht werden, Farbanstriche waren von innen aufzutragen, um ein Abwaschen durch den Regen zu vermeiden. ,,Die Eingänge zu den Geschäften waren mit besonderen Lichtschleusen zu versehen. Die haben höllisch aufgepaßt, daß kein Strahl nach draußen drang", sagt Gerhard Stoffert, der als Dreizehnjähriger seinen Eltern dabei geholfen hat, die Fensterscheiben mit schwarzem Papier zu verkleben. ,,Über die Scheiben klebten wir dicke braune Pappstreifen, um im Falle eines Bombeneinschlages in der Nähe Vibrationen zu vermeiden." Nach seiner Erinnerung lebte die Stadt in einer Verdunklungshysterie. ,,Überall tobten die Blockwarte herum und brüllten ‚Licht aus', wenn auch nur der kleinste Lichtstrahl zu sehen war."

Im Hauptbahnhof galten plötzlich neue Abfahrtzeiten für die Züge, sämtliche Pflichtspiele im Fußball, Handball und Hockey waren abgesagt, dann wurde auch der für den 2. und 3. September angesetzte Leichtathletikwettkampf zwischen Deutschland und Schweden im Berliner Olympiastadion verlegt. Begründet wurde diese Verlegung mit den ,,einschneidenden Verkehrsmaßnahmen in Folge der gegenwärtigen internationalen Lage". Als der Küster der Aegidienkirche vom Kirchenamt die Anweisung erhielt, umgehend das Kirchensilber vom Altar zu holen und im Tresor sicherzustellen, da wußte auch die nebenan wohnende Hildegard Franzenburg, ,,daß es jetzt soweit war". Am 30. August ordnete Polen die Mobilmachung seiner Streitkräfte an, am nächsten Morgen um 12.40 Uhr befahl Hitler zum zweiten Mal – diesmal endgültig – den Angriff auf Polen. Der ,,Fall Weiß" war da.

In Hannover strömten auch an diesem Donnerstagabend die Menschen in die Kinos. Ein Vergnügen, das man sich trotz der beunruhigenden Lage und der Mobilmachung doch nicht nehmen lassen wollte. Allein 1,35 Millionen Besucher hatten Hannovers Lichtspieltheater von April bis Juni gezählt. Der damals neunjährige Günter Krebs aus Linden saß immer dann, wenn ihm einer die 20 Pfennig Eintritt in die Hand gedrückt hatte, in der ,,Schauburg" oder in der ,,Flohkiste" (heute Apollo). ,,Am meisten haben uns Jungs dann später bei der Wochenschau die Panzer begeistert. Was sollten wir denn sonst machen? Für Urlaub hatten unsere Eltern kein Geld, und wer aufs Land fuhr, den haben wir schon bewundert. Kino, das war was", erinnert sich Günter Krebs. Im Palast-Theater an der Adolf-Hitler-Straße (heute Bahnhofstraße) spielte am 31. August Sybille Schmitz ,,Die Frau ohne Vergangenheit", im Viktoria-Theater am Raschplatz trat Hans Albers in ,,Fahrendes Volk" auf, und eine Anzeige der Ufa-Weltspiele kündigte Heinz Rühmann im ,,Paradies der Junggesellen" an. ,,Wir spielen weiter" stand über der Annonce, als wollte man Durchhaltewillen demonstrieren. Nun gerade.

Während sich die Theaterräume an diesem Abend verdunkelten und lustige oder spannende Filme über die Leinwände flimmerten, ereignete sich in Gleiwitz an der polnischen Grenze jenes ,,Vorspiel", das Hitler den propagandistischen Anlaß für seinen schon erteilten Angriffsbefehl nachliefern sollte: der fingierte Überfall auf den Sender Gleiwitz, vom Sicherheitsdienst und der SS exakt vorbereitet und in Szene gesetzt. Doch davon war in den nächtlichen Nachrichtensendungen des Großdeutschen Rundfunks nichts zu hören. ,,Wir erfuhren nur, daß bewaffnete Polen den deutschen Sender überfallen hatten. Wenn die Polen sich so weit erdreisteten, so schien es doch nur richtig, wenn ihnen dann ein Denkzettel verpaßt wurde", schildert

Helmut Rode seine Empfindungen, die er damals bei den ersten Nachrichten hatte. Die siebzehnjährige Schauspielschülerin Ilse Speidel, Tochter des Gründers der Loges-Schule, Carl Loges, hatte am Schauspielhaus in der Hildesheimer Straße bei Hans Ebert Unterricht und saß an jenem Abend zusammen mit ihren Freunden Günther und Horst Neutze und Gerda Kreimeyer im Café Hammer, einem kleinen Lokal neben dem Theater. ,,Es lag eine bedrückte Stimmung über allen Gästen. Warum, wußten wir eigentlich nicht. Wir waren so mit unserer Ausbildung beschäftigt, daß wir Politik nur am Rande wahrnahmen. Wir hatten gerade die Vorstellung hinter uns und diskutierten wie immer", schildert Ilse Speidel die Situation in der Hildesheimer Straße. ,,Plötzlich war da ein Geräusch auf der Straße zu hören. Gleichschritt einer Marschtruppe. Im Café wurde es totenstill. Wir gingen auf die Straße und sahen eine Truppe Infanteristen, voran ein Offizier auf dem Pferd. Man hörte nur klack, klack, klack, es war gespenstisch." Nach dem ersten Schock raffte sie sich auf und lief ins Café zurück. ,,Ich nahm alle Blumen von den Tischen und verteilte sie an die Soldaten. Ohne ein Wort zu sagen." Als die Ersatzkompanien des bereits an der polnischen Grenze liegenden 73. Infanterieregiments vorbeigezogen und am Aegidientorplatz verschwunden gewesen seien, da sei den angehenden Schauspielern ,,beklommen" zumute gewesen. Ilse Speidel erinnerte sich in diesem Moment an Erzählungen ihres Vaters, der den Ersten Weltkrieg miterlebt hatte. ,,Damals wurde gejubelt, am 31. August 1939 nicht mehr."

Am 1. September, 4.45 Uhr, marschierten deutsche Truppen in Polen ein, darunter auch Einheiten der 19. Division aus Hannover. Der Zweite Weltkrieg hatte begonnen.

Hannoversche Stadtzeitung

Luftschutz ab sofort wirksam:

Hannover unter Luftschutzgesetz

Maßnahmen gegen Fliegerangriffe – Was jeder Hannoveraner wissen muß – Verordnungen des Polizeipräsidenten als Luftschutzleiter

Auf Grund des § 2 des Luftschutzgesetzes vom 26. Juni 1935 und § 7 der 1. Durchführungsverordnung zum Luftschutzgesetz vom 4. Mai 1937 in Verbindung mit der Polizeiverordnung des Herrn Regierungspräsidenten Hannover vom 10. November 1937 wird für den Ortspolizeibezirk und Luftschutzort Hannover folgendes bekanntgegeben:

Verhalten bei Fliegeralarm

Das Nahen feindlicher Flieger wird durch „Fliegeralarm", rasch wechselnde Heultöne, bekanntgegeben!

Fußgänger! Wer sich nicht in der Nähe seines Hauses befindet hat sofort auf dem kürzesten Wege den nächsten öffentlichen Sammelschutzraum aufzusuchen. Ist der Schutzraum besetzt, so ist im benachbarten Sammelschutzraum, in nicht vollbesetzten Wohnschutzräumen, Schutz zu suchen. Wegweiser zeigen den Weg zu den öffentlichen Sammelschutzräumen. Stehenbleiben auf der Straße ist verboten. Den Weisungen der Ordner in den öffentlichen Sammelschutzräumen ist unbedingt Folge zu leisten.

Fahrzeugführer und Fahrgast!

Alle Verkehrsmittel fahren bei „Fliegeralarm" sofort scharf rechts heran und halten.

Abstellen der Fahrzeuge darf die Straße Sicherheits- und Hilfsdienst nicht ver...

An die Bevölkerung Hannovers

1. Die Reichsregierung hat den zivilen Luftschutz aufgerufen.
2. Die Stadt Hannover ist auf Grund des Neuaufbaues unserer Wehrmacht und eines gut organisierten und ausgebildeten zivilen Luftschutzes in weitgehendstem Maße gegen Luftangriffe geschützt.
3. Deutsche Volksgenossen! An unserer Widerstandskraft wird der Feind zerbrechen.
4. Beachtet alle zum Schutze der Zivilbevölkerung ergangenen Anordnungen (Verbreitet durch Presse und Plakatanschläge).
5. Haltet Disziplin und Ruhe auch in bedrohlichen Lagen! Befolgt die von der Polizei und ihren Hilfsorganisationen gegebenen Weisungen und unterstützt die Polizei und die als Ergänzungskräfte im
   Selbstschutz,
   Sicherheits- und Hilfsdienst,
   Reichsbahnschutz,
   Reichspostschutz und im
   Werkluftschutz
tätigen Personen.
6. Seid wachsam und verschwiegen und unterstützt in keiner Weise den überall angesetzten feindlichen Spionagedienst.
7. Volksverräterisches Verhalten wird nach Kriegsrecht bestraft.

Hannover, den 1. September 1939.

Der Polizeipräsident als örtlicher Luftschutzleiter.
gez. Geyer.

Aus dem Meldebuch der Polizei

Der Autoschreck verhaftet

In letzter Zeit häuften sich im Stadtgebiet die Beraubungen von parkenden Kraftwagen. Jeder Tag brachte neue Autoplünderungen, und der unbekannte Täter hatte sich allmählich zu einem Schrecken der hannoverschen Autofahrer entwickelt. Bei einer unvermuteten Razzia traf die Polizei einen jungen Mann mit einem kurz vorher aus einem Auto gestohlenen Koffer an. Der junge Mann wollte von den Diebstählen nichts wissen, sondern den Koffer von dem „großen Unbekannten" erhalten haben. Dieses Mal stimmte es auch zufällig. In den Abendstunden wurde dann von einem Polizeibeamten der Autoplünderer am Bahnhof gestellt, als er gerade wieder einen Wagen aufbrechen wollte. Der Täter versuchte zwar einen verzweifelten Fluchtversuch, wurde aber von dem Polizeibeamten eingeholt. Erst mit Hilfe von Straßenpassanten konnte der Täter schließlich überwältigt und in sicheres Gewahrsam gebracht werden. Die zahlreichen Autoplünderungen der letzten Zeit hat der Täter bereits ausgegeben.

Er wollte billig essen und trinken

In einer Gaststätte im Zentrum erschien ein junger Mann, der sich mit großer Sachkenntnis ein gutes Abendessen zusammenstellte. Einige Biere und Schnäpse fehlten dabei natürlich nicht. Der junge Mann versuchte sich dann heimlich aus dem Lokal zu entfernen, wurde aber von dem Ober beobachtet. Und da er auch nicht einen roten Heller bei sich hatte, wurde der Zechpreller der Polizei übergeben.

Der erste Tag des Krieges im „Hannoverschen Anzeiger". Doch am 1. September 1939 war der Krieg noch weit von der Stadt entfernt.

Die Glocken schweigen – die Sirenen heulen

September 1939

Als Helmut Rode am 1. September, einem Freitag, von der Südstadt zu seiner Lehrstelle bei der Feinkostfabrik Appel über den Aegi und durch die Georgstraße radelte, da fiel sein Blick auf das schnell ablaufende Band über dem Verlagshaus des „Hannoverschen Kuriers". „Danzig wird wieder deutsch" las er, und die zuckende Leuchtschrift verkündete, daß deutsche Truppen in der Nacht die polnische Grenze überschritten hatten. „Plötzlich mußte ich Jahre zurückdenken. Schon 1936 hatte ich beim Anblick dieser Leuchtschrift gedacht, hoffentlich steht da nicht eines Tages das Wort Krieg." Zwei Stunden später wurde die Belegschaft der Firma Appel in der Schöneworth vom Betriebsleiter in die Kantine gerufen, wo sich kurz vor 10 Uhr mehrere hundert Frauen und Männer zusammendrängten. „Es war gerammelt voll, ich sah in viele besorgte Gesichter. In der Mitte war ein Lautsprecher aufgestellt, aus dem Punkt 10 Uhr Hitlers Rede vor dem Deutschen Reichstag aus der Kroll-Oper übertragen wurde. Die Leute waren tief betroffen, man sah sich an, einige schüttelten den Kopf." Bei Appel wie auch bei anderen hannoverschen Firmen, wo Gemeinschaftsempfang verordnet worden war, und in Tausenden hannoverschen Wohnungen liefen zu dieser Morgenstunde die Fünfröhrengeräte.

„Ich habe mich nun entschlossen, mit Polen in der gleichen Sprache zu reden, die Polen seit Monaten uns gegenüber angewendet hat ...", dröhnten die Worte Hitlers aus den Lautsprechern. Er versicherte in seiner Ansprache, daß er von den westlichen Staaten „nichts fordern und nie etwas fordern" werde und nannte den Nichtangriffspakt mit der Sowjetunion eine „ungeheure Wende unserer Zukunft". Dann aber redete Hitler Klartext. „Ich bin entschlossen: Erstens die Frage Danzigs, zweitens die Frage des Korridors zu lösen und drittens dafür zu sorgen, daß im Verhältnis Deutschlands zu Polen eine Wendung eintritt, die ein friedliches Zusammenleben sichert ... Polen hat nun heute nacht zum ersten Mal auf unserem eigenen Territorium auch durch reguläre Soldaten geschossen. Seit 5.45 Uhr wird jetzt zurückgeschossen. Und von jetzt an wird Bombe mit Bombe vergolten ..."

Der neunjährige Günter Krebs hockte zusammen mit einigen Familien in seinem Haus in der Fortunastraße in Linden auf dem Hausflur, um die Ansprache aus Berlin zu verfolgen. „Bei uns im Haus hatte zu diesem Zeitpunkt nur mein Vater eine ‚Goebbels-Schnauze'. Damit aber alle Hitler hören konnten, wurde unsere Wohnungstür geöffnet und das Radio lauter gestellt. Was gesagt wurde, habe ich natürlich nicht kapiert, aber ich fand Hitlers Stimme ganz toll." Als Günter Krebs kurz danach mit seinen Eltern eine Luftschutzspritze kaufen ging, da dachte er „wenn sie mir jetzt auch noch einen Helm kaufen, dann gewinnen wir den Krieg". Auch bei der Familie Friese in der Rolandstraße nahe der Conti in Vahrenwald hatte sich am Freitagmorgen die Hausgemeinschaft an dem einzigen Rundfunkempfänger versammelt, um die entscheidenden Worte aus der Kroll-Oper in Berlin nicht zu versäumen. „Sonst hatten sich meine Eltern eigentlich zurückgehalten. Ich war ziemlich erstaunt, plötzlich so viele Leute bei uns im Wohnzimmer zu sehen", schildert der damals zehn Jahre alte Dietrich Friese diesen Moment. „Die Stimmung war ziemlich gedrückt. Es waren auch Menschen dabei, deren Angehörige bereits eingezogen worden waren und die nun Angst empfanden." Obwohl man „von vielen Scheußlichkeiten" aus Polen schon ausführlich durch die Presse unterrichtet gewesen sei und mit irgendeiner Entscheidung gerechnet habe, sei die Nachricht vom Kriegsausbruch für viele Bewohner des Frieseschen Hauses dann doch überraschend gekommen.

Überrascht wurde auch Helga Jackolis, die von den Morgennachrichten des Großdeutschen Rundfunks noch nichts mitbekommen hatte, als sie sich auf ihr Fahrrad geschwungen hatte und von der Jordanstraße zum Schwarz-Weiß-Tennisplatz bei Ontrup in der Eilenriede geradelt war. „Es war ein warmer Morgen mit herrlichem Sonnenschein. Ich sah an den Straßenrändern Militärfahrzeuge und Soldaten stehen, aber dachte mir nichts dabei. Soldaten hatte man schließlich auch Tage vorher schon überall gesehen." Noch ehe Helga Jackolis an diesem Morgen ihren ersten Aufschlag machen konnte, schallte plötzlich die Stimme Hitlers über Lautsprecher aus der Kroll-Oper über den Tennisplatz. „Das Spiel wurde sofort abgesagt. Wir waren im ersten Moment enttäuscht, denn was war schon Krieg in Polen, wo wir uns doch amüsieren wollten", meint die damals Achtzehnjährige. Auf jeden Fall waren die Militärfahrzeuge auf dem Rückweg vom Tennisplatz verschwunden, das weiß sie noch. Später hing Helga Jackolis dann wie Tausende Hannoveraner am Radio und verfolgte die ersten, ständig von Marschmusik unterbrochenen Meldungen vom Vormarsch der deutschen Truppen. Große Freude sei dabei nicht aufgekommen, erinnert sich Hildegard Franzenburg, ,,wir hörten die Meldungen mit Herzklopfen und Sorge. Auch die Pimpfenführer, von denen einige bei uns in der Nähe wohnten, hatten irgendwie Bammel."

Als Helmut Plath an diesem 1. September an seinen Arbeitsplatz im Vaterländischen Museum in der Prinzenstraße kam, wo er als Assistent arbeitete, da hieß es bereits, Hitlers Rede werde übertragen. ,,Ich hörte seine Ausführungen und hatte ein komisches Gefühl. Da konnte etwas nicht stimmen, denn im Studium war ich mit diplomatischen Notenwechseln vertraut gemacht worden und konnte die interpretieren", sagt der ehemalige Direktor des Historischen Museums. Als Plath später den Redetext Hitlers in den Zeitungen nachlas, sei ihm klargeworden, daß Hitlers ,,Angebot" an Polen zur friedlichen Lösung nur ein Ablenkungsmanöver gewesen sei und daß Deutschland den Krieg provoziert habe. Soviel Klarheit dürfte bei den meisten Hannoveranern allerdings kaum geherrscht haben, zumal auch die Fakten, die man ihnen in Presse und Rundfunk serviert hatte, eine andere Sprache redeten. Da hörten und lasen sie, daß polnische Soldaten in der Nacht zum 1. September an mehreren Stellen die deutsche Grenze überschritten und dabei auch einen Angriff auf den oberschlesischen Sender Gleiwitz unternommen hätten. Daß der Leiter der militärischen Abwehr, Admiral Wilhelm Canaris, schon am 17. August aufgefordert worden war, für ein ,,Sonderunternehmen" der SS polnische Waffen, Uniformen und Soldbücher zu besorgen, daß Hitler bereits am 11. August dem Hohen Kommissar des Völkerbundes in Danzig, Carl Jakob Burckhardt, angekündigt hatte, beim kleinsten Zwischenfall Polen ,,ohne Warnung zu zerschmettern" und daß die ,,Überfälle" in der Nacht des 31. August eine wohlinszenierte Provokation des deutschen Sicherheitsdienstes gewesen waren, ahnte in Hannover niemand.

Da das Oberkommando der Wehrmacht schon am 31. August um 12.40 Uhr die ,,Weisung Nr. 1 für die Kriegführung" an die Truppen herausgegeben hatte, standen auch die aus Hannover stammenden Verbände in jener Nacht längst in ihren Bereitstellungsräumen in Sichtweite zur polnischen Grenze. ,,Angriffszeit 4.45 Uhr", hieß es in der Weisung. Die vor Jahren in Gang gesetzte Maschinerie des Krieges begann ihre letzten Umdrehungen. Bei dem kleinen Ort Ammern in Oberschlesien waren am 31. August auch die Bataillone des hannoverschen 73. Infanterieregiments auf die Grenze zugerückt. Das 2. Bataillon dieses Regiments war in der Emmichkaserne an der Fliegerstraße in Wiesenau einquartiert, das 3. Bataillon hatte sein Stammquartier in der Prinz-Albrecht-Kaserne an der Sündernstraße in Bothfeld. Das 1. Bataillon, bekannt unter der Bezeichnung ,,Heide-Bataillon", stammte aus Celle. Wie das 73. Infanterieregiment gehörten auch noch das in Hannover stationierte Artillerieregiment 19 sowie die hannoverschen Verbände der Panzerabwehrabteilung 19, der Nachrichtenabteilung 19, der Fahrabteilung 24 in der Schackstraße und die Sanitätsabteilung 19 zur 19. Division. Diese Division war Teil des XI. Armeekorps und zu Kriegsbeginn der Heeresgruppe 6 mit Sitz in Hannover unterstellt worden.

Die bespannten Geschützeinheiten des 73. Infanterieregiments hatten am 31. August einen 100 Kilometer langen Anmarsch über dreißig Stunden hinter sich, die Soldaten von zwei Bataillonen lagen bereits in Erwartung der Befehle auf vorgeschobenen Posten. Die Truppe, die erst vier Tage vorher ,,mit klingendem Spiel zum Tor hinaus" gezogen war und Hannover verlassen hatte, mußte bis zum Abend warten. ,,Mit Beginn der Dunkelheit wird es in den Wäldern an der oberschlesischen Grenze lebendig. Auf allen Wegen streben die Kompanien in die Bereitstellungsräume hart an der Grenze in der Nähe des Dorfes Ammern, wo der Regimentskommandeur, Oberst von Gründell, seinen ersten Gefechtsstand einrichtet. Hier erst wird der Truppe durch die Kompanieführer bekanntgegeben, daß ab 4.45 Uhr Kriegszustand herrscht. Als dann der Befehl kommt: ,Mit scharfer Munition laden und sichern' wird auch dem letzten be-

Bombenflugzeuge vom Typ He 111 des Kampfgeschwaders Boelcke starteten am 1. September von Evershorst in Richtung Warschau.

wußt, daß es blutiger Ernst wird", schrieb Albert Krull in der Regimentsgeschichte.

Ähnliche Erinnerungen an jenen entscheidenden Tag hat auch Rolf Hinze in seiner Chronik des Artillerieregiments 19 aus der Bothfelder Scharnhorstkaserne festgehalten. Mit Fahrzeugen und requirierten Pferden hatten die Batterien aus Hannover „unter Funksperre und Vermeidung jeglicher Geräusche nach Ausgabe scharfer Munition ihre vorbereiteten Feuerstellungen bezogen. Nicht nur Funkstille, sondern auch Fernsprechverbot waren befohlen worden. Das besagte einiges! Die Ausgabe scharfer Munition ließ auf den Ernst der Lage schließen." Erhebliche Unruhe habe, so Hinze, die Truppe erfaßt. „Man hatte diese und ähnliche gespannte Lagen schon mehrfach erlebt, so beim Einmarsch nach Österreich, ins Sudetenland, nach Böhmen, allerdings damals nicht mit allgemeiner Mobilmachung des deutschen Heeres. Wie würde sich der Pole bei einer kriegerischen Auseinandersetzung verhalten? Wie war er ausgerüstet? Die in kurzer Zeit zu verrichtenden Vorarbeiten verdrängten solche Gedanken. Alles verlief mehr oder weniger manövermäßig, nur diesmal mit scharfer Munition."

„Der Divisionsbefehl hat den Angriffsbeginn auf 4.45 Uhr festgesetzt. Ein ‚Gott befohlen' hat der General hinzugefügt. So treten wir in festem Vertrauen auf den Sieg zum Angriff an. Einzelne Schüsse polnischer Zöllner können uns nicht aufhalten, und unangefochten überquert das Regiment im Querfeldeinmarsch in geöffneter Ordnung einen 10 Kilometer breiten Grenzstreifen", schrieb später ein „Kämpfer" des Regiments über den Angriffsmoment. Am 2. Oktober zogen Einheiten des 73. Regiments in das zerschossene Warschau ein, wo sie drei Tage später vor Hitler paradierten. „Wir Kämpfer alle, wir jungen und alten Hannoveraner sind stolz darauf, zu der Geschichte unseres alten ruhmreichen Füsilierregiments mit unseren Waffen ein neues würdiges Kapitel geschrieben zu haben."

Im Fliegerhorst Evershorst saßen an jenem 1. September die Piloten der 1. Gruppe des Kampfgeschwaders Boelcke in fertiger Montur unruhig in ihrem Aufenthaltsraum, Mechaniker legten letzte Hand an die munitionierten Kampfflugzeuge vom Typ Heinkel 111 P, die draußen auf dem Flugfeld standen. Obwohl der Himmel klar war und die ersten Nachrichten von der Front längst die Runde gemacht hatten, mußten die jungen Geschwaderpiloten hier wie auch in den Fliegerhorsten Wunstorf und Delmenhorst Stunde um Stunde warten. Erst gegen Mittag verzogen sich die Nebelbänke und Wolkenfelder über Polen, wohin die Maschinen ihre tödliche Fracht bringen sollten. „Endlich, um 13.25 Uhr, gibt Berlin den Start frei." Die Piloten haben eine 750 km lange Anflugstrecke von ihren Heimathorsten vor sich und treffen erst gegen 17.30 Uhr über der polnischen Hauptstadt Warschau ein.

Vom Bahnhof Möhringsberg in der Nordstadt fuhren die Materialzüge nach Polen.

Nicht alle in Hannover stationierten Einheiten befanden sich an diesem Freitag im östlichen Kampfgebiet. Die nach der Mobilmachung in Hildesheim für die sogenannte „zweite Welle" formierte 71. Division, zu der Männer aus Hannover, Hildesheim, Braunschweig und dem Westharz herangezogen worden waren, war am 29. und 30. August mit der Bahn in den Raum Kaiserslautern transportiert worden, wo die Truppen Bereitstellungsräume zur Abwehr eines möglichen französischen Angriffs am Westwall bezogen. Zu dieser Division gehörten unter anderem Einheiten aus der Kriegsschule an der Stader Chaussee, aus der Reit- und Fahrschule und aus der Nachrichtenabteilung 19, die zur Nachrichtenabteilung 171 formiert worden war. Auch die neu aufgestellte Panzerabwehrabteilung 171 in Engelbostel, deren Stammpersonal von der hannoverschen Panzerabwehrabteilung 19 gestellt wurde, war in Richtung Westen in Marsch gesetzt worden.

Zwar waren die aktiven Truppenverbände aus Hannover schon an den Grenzen, doch das Abschiednehmen hatte damit kein Ende. Am 31. August und in den folgenden Tagen wurden die ersten

Reservisteneinheiten ebenfalls in Marsch gesetzt, um die kämpfende Truppe zu unterstützen. Zu ihnen gehörte auch der Zimmermann Fritz Röttger aus Linden, der als Kanonier nach Bothfeld eingezogen worden war. Am Nachmittag dieses ersten Kriegstages marschierte seine Kompanie von Bothfeld aus in die Nordstadt, wo sie für wenige Stunden in die Kasernenanlage an der Militärstraße eingewiesen wurde. ,,Fritz konnte sich kurz frei machen und noch einmal nach Hause kommen. Er teilte mir aufgeregt mit, daß es gegen 22 Uhr vom Bahnhof Möhringsberg in der Nordstadt nach Polen abgehen sollte'', erinnert sich Annie Röttger. Da ihr Mann am 2. September Geburtstag hatte, backte sie ihm noch rasch einen seiner geliebten Pflaumenkuchen, füllte eine Thermoskanne mit dem selten und teuer gewordenen echten Bohnenkaffee und begab sich dann in der Dämmerung auch zum Bahnhof Möhringsberg. ,,Ein paar Rosen hatte ich noch dabei und hoffte sehnsüchtig, daß ich Fritz noch einmal sehen würde.'' Annie Röttger hatte Glück und entdeckte den Waggon, in dem ihr Mann mit seinen Kameraden Platz gefunden hatte. ,,Er kam noch einmal heraus, und wir fanden noch ein paar Minuten Zeit zum Schmusen. Der arme Kerl hatte doch gleich Geburtstag, und da wollte ich ihn nicht so gehen lassen.'' Kurz vor 24 Uhr ertönte ein Signalpfiff, Röttger mußte einsteigen, und schon verließ der Zug, begleitet von winkenden Schaulustigen und weinenden Ehefrauen, den trotz der Verdunklungsanordnungen hell erleuchteten Bahnsteig. ,,Es gab viele Tränen, aber ich wußte genau, Fritz kommt zurück.'' Annie Röttger gehörte zu jenen, die damals glaubten, was ihnen von der Propaganda Hitlers eingebleut worden war. ,,Der Führer wird bestimmt sein Versprechen einlösen, Weihnachten sind unsere Männer zurück.'' Fritz Röttger, der beim Abschied die Geburtstagsrose in seine Gasmaske gesteckt hatte, kehrte erst 1947 aus der Gefangenschaft zurück.

Am Abend des ersten Septembertages 1939, an dem die hannoverschen Zeitungen in Sonderausgaben die Heimkehr von Danzig ins Reich bejubelten und viele Hannoveraner gespannt den Nachrichten von der Front im Rundfunk folgten, sollte im Gartentheater in Herrenhausen um 21 Uhr eigentlich die Reihe der Barocktanzspiele fortgesetzt werden. Wer die Sechszeilenmeldung in der Presse übersehen hatte, fuhr vergeblich nach Herrenhausen: Die Tanzvorführungen waren für den 1. und 2. September abgesagt worden, die Karten nahm der Verkehrsverein am Ernst-August-Platz zurück. Auf dem Rückweg in die Stadt erlebten die späten Ausflügler dann zum ersten Mal jenen Zustand, an den sich Hannover in den nächsten Jahren gewöhnen mußte: Verdunklung! ,,Luftschutz ab sofort wirksam'' und ,,Hannover unter Luftschutzgesetz'' hatten die Tageszeitungen in großer Aufmachung vermeldet. Der örtliche Luftschutzleiter, Hannovers Polizeipräsident Geyer, hatte an die Bevölkerung folgenden Aufruf erlassen: ,,Die Reichsregierung hat den zivilen Luftschutz ausgerufen. Die Stadt Hannover ist aufgrund des Neuaufbaues unserer Wehrmacht und eines gut organisierten und ausgebildeten zivilen Luftschutzes in weitestgehendem Maße gegen Luftangriffe geschützt. Deutsche Volksgenossen! An unserer Widerstandskraft wird der Feind zerbrechen. Beachtet alle zum Schutz der Zivilbevölkerung ergangenen Anordnungen. Haltet Disziplin und Ruhe auch in bedrohlichen Lagen! . . . Seid wachsam und verschwiegen und unterstützt in keiner Weise den überall angesetzten feindlichen Spionagedienst. Volksverräterisches Verhalten wird nach Kriegsrecht bestraft.''

Als ob sie das nicht alles in zahlreichen Übungen, bei Probealarmen und in Lehrgängen eingetrichtert bekommen hätten, wurden die Hannoveraner noch einmal ausführlich darüber belehrt, wie sie sich bei Fliegeralarm zu verhalten hätten und was alles bei der Verdunklung zu beachten wäre. Fußgänger sollten sofort die Sammelschutzstellen aufsuchen, Rad- und Motorradfahrer zunächst ihre Zweiräder an Hauswänden oder Zäunen abstellen und sichern. Autofahrer sollten rechts an die Seite fahren und den Motor abstellen, Fahrgäste der Eisenbahn den Anordnungen des Fahrpersonals Folge leisten. Die Polizeistunde wurde vom 2. September an auf 24 Uhr vorverlegt und öffentliche Feuermelder abgeschaltet, um durch Feuersirenen die Bevölkerung in ihrer Aufmerksamkeit für die Heultöne des Luftschutzalarmes nicht irre zu machen. Zunächst war auch die Anwendung von Handlampen im Freien verboten. Nicht einmal ein kurzes Aufleuchten war erlaubt. Die Passanten trugen auf den dunklen Straßen an ihren Mänteln Leuchtplaketten, die allerdings nach ein oder zwei Regenschauern ihre Farbe verloren und erneuert werden mußten. Jeder kleinste Lichtschein aus einem Fenster wurde mit Rufen wie ,,Licht aus'' oder ,,Verdunklung'' geahndet. Beleuchtete Hausnummernschilder waren ebenso verboten wie Leuchtreklamen, die Treppenhäuser mußten abgedunkelt werden, und Straßenschilder, die dem Fernverkehr die Richtung angaben, blieben mit Einbruch der Dunkelheit ohne Beleuchtung.

In Hannover durften Kraftfahrzeuge, die trotz aller Einschränkungen noch unterwegs waren, nur mit ,,völlig abgeblendetem Licht'' verkehren. ,,Schluß- und Bremsleuchten sowie etwaige vorhandene Beleuchtungsvorrichtungen zur Kennzeichnung der seitlichen Begrenzung sind mit zweckentsprechender Verdunklungsvorrichtung zu versehen", verlangte die Reichsluftschutzordnung. „Der Lichtschein der Lampen darf nur aus einem waagerechten, 5 bis 8 Zentimeter langen und 1,5 Zentimeter breiten unter der Lichtquelle liegenden Ausschnitt der Abblendvorrichtung sichtbar sein." Ausnahmen von diesen Regeln galten nur für Fahrzeuge der Wehrmacht, während die Straßenbahnen der Hannoverschen Überlandwerke ebenfalls erheblichen Beschränkungen bei Fahrten durch die nächtliche Stadt unterlagen.

Die Straßenbahnen trugen über ihren Scheinwerfern eine Kappe, in die ein kleiner Schlitz geschnitten war. Weil auch das Innere der Wagen total nach außen abgedunkelt sein mußte, sahen sich Straßenbahnführer wie Schaffner erheblichen Problemen gegenüber. Daß man eigentlich nicht auf eine lang anhaltende Verdunklung bei den öffentlichen Verkehrsbetrieben eingestellt gewesen war, ging aus einem Bericht der Werkszeitung der Überlandwerke kurz nach Kriegsbeginn hervor. „Man nahm an, daß auch bei Nacht die Städte eine mäßige Beleuchtung haben würden und daß erst bei Fliegeralarm die Verdunklung einsetzen sollte. Aus diesem Grund hat man bei den Straßenbahnen Deutschlands ganz allgemein schwarze Stoffbeutel vorbereitet, die bei Fliegeralarm über die Innenlampen gezogen werden konnten. Sobald der Fliegeralarm jedoch vorüber war – so dachte man ursprünglich –, sollten diese Beutel von den Lampen wieder entfernt werden." Dann aber mußten in den Werkstätten neue Abblendvorrichtungen gebaut werden, die von Scheinwerfern und den beleuchteten Linienanzeigern nur noch einen schwachen Schimmer sichtbar werden ließen. Im ungünstigsten Fall erhellte der Scheinwerfer nur noch eine Strecke von acht Metern vor dem Fahrer, was automatisch zu einer Geschwindigkeitsreduzierung auf sämtlichen Stadtstrecken führte. Mehrfach ist in Berichten des Unternehmens von schweren Verkehrsunfällen bei Verdunklung die Rede gewesen, weil immer wieder ältere Menschen vor die herannahende Bahn liefen. Zum Jahresende häuften sich Meldungen über tödliche Verkehrsunfälle während des Verdunklungszustandes. „Da die Wagenführer Anweisung erhalten haben, ohne Rücksicht auf den Fahrplan nur so schnell zu fahren, als es die Sichtverhältnisse zulassen, steht zu hoffen, daß die Unfälle bei Nacht sich in erträglichen Grenzen halten."

Verdunklung, das war für die Schaffner und ihre schon vor Kriegsbeginn zur Unterstützung eingestellten Kolleginnen kein Zuckerschlecken, denn im diffusen Halbdunkel Fahrscheine richtig anzustreichen, zu kontrollieren und Wechselgeld richtig herauszugeben, war keine Kleinigkeit. „Gewollt oder ungewollt wurde vielfach ein 2-Pfennig-Stück

Frauen an die Straßenbahn-Front: Um den Verlust von einberufenen Mitarbeitern auszugleichen, wurden bereits zu Kriegsbeginn beinahe 100 Hannoveranerinnen von den Überlandwerken zur Unterstützung eingestellt.

für ein 10-Pfennig-Stück gehalten und umgekehrt. Es war also notwendig, den Schaffnern mehr Licht zu geben", schrieb die Werkszeitung. Erreicht wurde das, indem einige Lampen im Fahrzeug mit Papierschirmen so abgedunkelt wurden, daß Licht nur nach unten strahlte. Da es anfangs auch wiederholt vorgekommen war, daß die Wagenführer in stockdunkler Nacht manche der 400 Haltestellen in Hannover und im Umland einfach ,,übersahen", wurde mit amtlichen Dienststellen darüber verhandelt, daß wenigstens eine Straßenlaterne nahe der Haltestelle brennen blieb.

,,Mit gelben Lichtschlitzen krochen die Autos durch die Straßen, es war gespenstisch", meint Gisela Meier-Bonitz, wenn sie an diese dunklen Zeiten auf den hannoverschen Straßen zurückdenkt. Aber Franz Pansy hat auch gewisse ,,Vorteile" der künstlich erzeugten Dunkelheit nicht vergessen. Der aus einem sozialistisch beeinflußten Elternhaus stammende Junge vom Sahlkamp hatte sich früh geweigert, der Hitlerjugend beizutreten. Daß er dabei auf irgendeine Liste der Sicherheitsdienste geraten sein mußte, ahnte Franz Pansy spätestens, als nach den Sommerferien 1939 die Gestapo vor der Berufsschule stand und ihn und einige seiner Freunde mitnahm. ,,Zehn Tage hielten sie uns in einer Zelle im Gestapo-Quartier an der Schlägerstraße fest und wollten uns dauernd ausquetschen. Weil wir aber nichts zu sagen hatten, mußte man uns wieder entlassen." Die Wut über diese Verhöre und die Haftzeit trieben Pansy und seine Freunde zu einem lebensgefährlichen Spiel. ,,Bei Verdunklung lauerten wir in der Stadt HJ-Streifen auf. Wenn wir in der Überzahl waren, griffen wir sie an und gaben ihnen eine Abreibung, an die sie noch lange gedacht haben." Daß dafür schon gleich nach Kriegsbeginn – wie für viele andere Vergehen bei Verdunklung – schwere Strafen verhängt werden konnten, war den jungen Leuten vom Sahlkamp in ,,unserem Haß und unserer Verachtung gegen alles Braune" damals nicht in den Sinn gekommen. Käthe Brenner, die 1939 in der Hoffmann-von-Fallersleben-Straße (heute Friedrich-Ebert-Straße) in Ricklingen wohnte, empfand die Verdunklung der Stadt ,,vom ersten Kriegstag an als etwas Bedrückendes, Angstmachendes". Ein Ereignis vom ersten Abend im Krieg wird sie ihr ganzes Leben nicht vergessen. ,,Irgendwo in der Nachbarschaft lehnte eine Frau aus dem Fenster, und ich hörte sie singen: ,Und schießt mich eine Kugel tot und kann nicht heimwärts wandern, dann wein dir nicht die Augen rot und nimm dir einen andern'." Dieser Text hat die junge Frau, die mit ihren Freunden von der verbotenen Sozialistischen Arbeiter-Partei (SAP) während der nächsten Jahre in Kontakt blieb, nie losgelassen.

Lebensmittelkarten, Verdunklung, mit weißem Kalk und Phosphor gestrichene Bordsteinkanten und immer weniger Männer auf den Straßen der Stadt: Obwohl der Krieg in Polen weit weg war, bestimmte er doch auch in Hannover sichtbar und unsichtbar das Alltagsleben vieler Menschen. Die Tanzveranstaltungen wurden in den Wochen nach Kriegsausbruch abgesagt, und auch die ,,Swing-Heinis" um Günther Bode mußten zeitweise auf ihre geliebten US-Rhythmen verzichten. ,,Es wird hiermit angeordnet, daß vorläufig von Tanzveranstaltungen in Bars und Tanzdielen Abstand genommen wird. Da von einer öffentlichen Bekanntmachung abgesehen wird, werden die Gauleiter ersucht, durch entsprechende Einwirkungen von seiten der Partei für ihre Durchführung Sorge zu tragen", hatte Propagandaminister Josef Goebbels per Rundspruch seinen Erfüllungsgehilfen in den

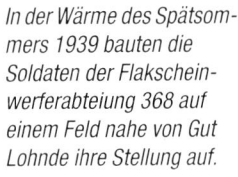

In der Wärme des Spätsommers 1939 bauten die Soldaten der Flakscheinwerferabteilung 368 auf einem Feld nahe von Gut Lohnde ihre Stellung auf.

Gauen mitgeteilt. Am 7. September wies Polizeipräsident Geyer die Beamten seiner Reviere an, auf die genaue Einhaltung dieser Anordnung zu achten. „Sowohl der Veranstalter als auch der Teilnehmer hat bei Zuwiderhandlung strenge Bestrafung zu gegenwärtigen." Daß in den Lokalen, die weiter geöffnet blieben, das Glas Bier mit einem Kriegszuschlag von 14 Reichspfennig belegt wurde, dürfte allenfalls Dauerzecher in Harnisch versetzt haben. In Gaststätten und Hotels wurden vom ersten Kriegstag an zwei fleischlose Tage in jeder Woche eingeführt, an den übrigen Tagen durften neben fleischfreien Gerichten vier verschiedene Eintopf- oder Tellermenüs serviert werden. Dieser Erlaß galt auch für sämtliche Werkskantinen und Großküchen. Kürzertreten, hieß die Devise.

„Achtung, Feind hört mit" – diese Warnung tauchte bereits in den ersten Stunden nach Kriegsbeginn an allen Litfaßsäulen im Stadtgebiet auf, und auch die Zeitungen erinnerten ihre Leser gleich am 2. September daran, was bei der „Landesverteidigung" von ihnen erwartet wurde. „Wer an den ausländischen Nachrichtendienst verrät, was zum Zwecke der Landesverteidigung und Volkssicherheit geheimzuhalten ist, begeht das gemeinste Verbrechen, für das es keine Entschuldigung gibt. Wer sein Vaterland verrät, hat den Tod verdient. Verrat ist ein Gesinnungsverbrechen." Jeder Volksgenosse „in der Fabrik, im Kontor und hinter dem Pflug, auch im Gewühl der Großstadt" sollte von dem Bewußtsein durchdrungen sein, „daß seine Pflichttreue, sein Schweigen, seine Aufmerksamkeit und sein Vertrauen zu den amtlichen Abwehrorganen eine gesamte Abwehrfront des deutschen Volkes aufrichtet, die jedem Spionageangriff des Auslandes Halt gebietet". Daß Telefongespräche mit dem Ausland zu diesem Zeitpunkt auch in Hannover längst von der Reichspost unterbunden worden waren, stieß bei den meisten Menschen auf Verständnis. Wer telefonierte, von Firmen abgesehen, damals auch schon privat über Grenzen?

Kaum war das von Frankreich und England dem Deutschen Reich gestellte Ultimatum zum Truppenrückzug am 3. September abgelaufen, wurden die Hannoveraner zum ersten Mal mit der Realität des kommenden Krieges konfrontiert. Plötzlich bekamen Luftschutzvorbereitungen und Verdunklung Sinn, als am frühen Morgen des 4. September das erste feindliche Flugzeug über der Stadt auftauchte. Rolf-Günther Block lag mit seiner Flakscheinwerferabteilung 368 auf einem Feld am Basselthof in der Nähe von Gut Lohne. „Es war leicht bewölkt in dieser Nacht, als unsere Mannschaft eine Maschine aus nordwestlicher Richtung mit dem Horchgerät erfaßte. Wir richteten unseren riesigen Scheinwerfer mit einem Durchmesser von 105 Zentimetern in die Anflugrichtung. Gerade als wir den Flieger in den Lichtkegel bekamen und eine schwere Kanone ihn in der Nähe von Bothfeld bereits im Visier hatte, da knallte es, und unser Scheinwerfer fiel aus."

Auch der eben erst frisch zum Oberfeldwebel des Luftnachrichtenregimentes 11 beförderte Franz Nitschke hörte die englische Maschine. Nachdem mit Kriegsbeginn für seine Dienststelle in der Arndtstraße nächtliche Präsenzpflicht angeordnet worden war, hatte Nitschke Dienst im Fernschreibvermittlungsraum, wo auch nachts ständig Betrieb herrschte. „Ich denke, ich traue meinen Ohren nicht: morgens 4 Uhr Fliegeralarm. Ich hatte immer geglaubt, daß bis hierher kein feindliches Flugzeug kommen konnte", notierte Nitschke in sein Tagebuch. „Also runter in den Keller, da traf sich dann alles, einschließlich Hausmeister. Dieser alte Weltkriegsteilnehmer meinte plötzlich, wir müßten oben auf das Dach gehen und mit den uns zur Verfügung stehenden Gewehren versuchen, den eventuell näherkommenden Flieger zu beschießen. Also gingen wir mit fünf Mann und mit geladenen Gewehren auf das Dach. Da standen wir nun auf dem flachen Teerdach in finsterer Nacht und warteten darauf, daß sich der böse Feind in unseren lächerlichen Wirkungskreisbereich begeben sollte." Aus Richtung Eilenriede habe man dann das Motorengeräusch der Maschine gehört, nach der mittlerweile andere Flakscheinwerfer suchten. „Ein Schuß war nicht zu hören." Erst als das Flugzeug in Richtung Bielefeld davonzog, sah Nitschke erstes Mündungsfeuer von Flakkanonen aufblitzen.

Diese Maschine konnte ungehindert das Stadtgebiet überqueren. Bomben fielen beim ersten Überflug noch nicht. Dafür flatterten aus dem englischen „Whitley"-Bomber Flugblätter auf die Stadt nieder, Auftakt für ein friedliches Bombardement, für das die Royal Air Force den Einsatzbefehl am 2. September erhalten hatte. Die Flugblätter, die damals weit ins deutsche Hinterland getragen wurden, waren 21 mal 13 Zentimeter groß. In den Anweisungen für die Abwürfe war exakt geregelt, wie die Pakete mit je 1500 Flugblättern vom Himmel geworfen werden sollten. „Jedes Paket wird durch ein Gummiband gesichert, zusätzlich sichert noch ein dünner Bindfaden das Paket beim Transport. Im Flugzeug vor dem Abwurf wird der Bindfaden zerschnitten, das Gummiband hält die Flugblätter dann noch so lange zusammen, bis das Paket das Flugzeug verlassen hat." Auf diese Weise sollte verhindert werden, daß einzelne Flugblätter oder möglicherweise ganze Bündel statt auf deutsche Erde zu flattern, durch den Zugwind in die Maschine zurückgetrieben wurden. Als die Besatzung der Maschine beim Anflug von Nordwest in den Morgenstunden des 4. September über Hannover ihre

Schächte öffnete, da flatterten die Flugblätter vor allem in den Außenbezirken und im Umland nieder. Günter Struckmeyer, der damals als zehnjähriger im Jungvolk in Limmer war, unternahm um den 10. September herum eine Wanderung in Richtung Velber. ,,Auf den Zuckerrüberfeldern längs des Weges lagen Flugblätter. Wir mußten sie einsammeln, aber gelesen haben wir sie nicht, dazu waren wir zu stolz.'' Den Pimpfen hatte man in ihrer Jungvolkgruppe immer wieder eingetrichtert, daß vom ,,Feind'' abgeworfene Flugblätter lediglich dazu dienen sollten, das deutsche Volk und seinen Führer zu verunglimpfen. Es war streng untersagt, solche Flugblätter einzustecken und mit nach Hause zu nehmen. Das in Velber aufgeklaubte Propagandamaterial wurde der NSDAP-Ortsgruppe Limmer ausgehändigt.

Dieses erste Flugblatt vom 4. September, das über dem ganzen Reich gestreut worden war, enthielt eine Warnung der englischen Regierung. ,,Deutsche, mit kühl erwogenem Vorsatz hat die Reichsregierung Großbritannien Krieg aufgezwungen. Wohl wußte sie, daß die Folgen ihrer Handlung die Menschen in ein größeres Unheil stürzen, als 1914 es tat . . .'' Niemals, so die Flugblatt-Texter eindringlich, habe eine Regierung ,,ihre Untertanen unter geringerem Vorwand in den Tod geschickt. Dieser Krieg ist gänzlich unnötig. Von keiner Seite waren deutsches Land oder deutsches Recht bedroht. Wir hegen keine Feindseligkeit gegen Euch, das deutsche Volk. Die Nazi-Zensur hat Euch verheimlicht, daß Ihr nicht über die Mittel verfügt, einen langen Krieg durchzustehen. Trotz erdrückender Steuerlast seid Ihr am Rande des Bankrotts. Wir und unsere Bundesgenossen verfügen über unermeßliche Reserven an Manneskraft, Rüstung und Vorräten. Wir sind zu stark, durch Hiebe gebrochen zu werden und können Euch unerbittlich bis zur Enderschöpfung bekämpfen.'' Und in den letzten Zeilen konnten Hannoveraner, die den Mut hatten, diese ,,Feindpropaganda'' entgegen den Vorschriften heimlich an sich zu nehmen, lesen: ,,Ihr, das deutsche Volk, habt das Recht, auf Frieden zu bestehen, jetzt und zu jeder Zeit. Auch wir wünschen den Frieden und sind bereit, ihn mit jeder aufrichtig friedlich gesinnten deutschen Regierung abzuschließen.''

Daß solche Warnungen bei den meisten Bürgern, die sie heimlich lasen, kaum auf Widerhall gestoßen sind, da man doch gleichzeitig im Rundfunk die Sondermeldungen von schnellen Siegen der Wehrmacht in Polen hörte, ist wahrscheinlich. In den nächsten Wochen und Monaten erreichten den Oberpräsidenten sowie städtische Polizeidienststellen zahlreiche Rund- und Schnellbriefe des Innenministeriums, in denen immer wieder daran erinnert wurde, wie mit aufgefundenem feindlichen Propagandamaterial umzugehen war und wer welche Dienststellen bei der Partei, im Reichspropagandaamt und auf Regierungsebene zu benachrichtigen hatte. Beim Auftauchen feindlichen Propagandamaterials sollte zunächst geprüft werden, ob eine Suchaktion notwendig sei, zu der ,,gegebenenfalls auch die Schuljugend heranzuziehen'' war. Als die Alliierten in den nächsten Monaten auch Ballone einsetzten, um ihre Flugblattfracht über Deutschland zu tragen, da wurden die Polizeibehörden aufgefordert, diese Ballone sicherzustellen. ,,Beim Auffinden ist sofort durch Abbinden der Hüllenteile Sorge zu tragen, daß in der Ballonhülle eine Restmenge von etwa einem Kubikmeter Gas sichergestellt wird.'' Falls Hannoveraner treibende Ballone entdecken sollten, hätten sie umgehend das Luftgaukommando oder die nächste Luftwaffendienststelle zu benachrichtigen, ,,damit von diesen das Abschießen oder Bergen solcher Ballone veranlaßt wird''.

Mitte Juli des nächsten Jahres machten sich die Nazis über Flugblattabwürfe der Engländer in Niedersachsen noch lustig. ,,Abgeschlagene Bomber ,kämpfen' mit Papier'', überschrieb die ,,Niedersächsische Tageszeitung'' einen Bericht zu einem Flugblattabwurf über Hannover. Das damals auf den Straßen der Stadt gefundene Informationsblatt trug den Titel ,,Amtliche Bekanntmachung'', war mit Reichsadler und Hakenkreuz gezeichnet und sollte den Bürgern suggerieren, daß England nicht gewillt sei, den ,,Krieg gegen Deutschland aufzugeben''. Es sei daher mit einer langen Kriegsdauer zu rechnen, bei der sich die Bevölkerung auch darauf einstellen müsse, daß in Zukunft ,,eine erhebliche Zunahme der britischen Luftangriffe'' zu erwarten sei. Die Hannoveraner lasen nach diesem Abwurf in der Presse, daß sich die Engländer offenbar die ,,merkwürdige Vorstellung'' machen würden, ,,daß ein auf der Straße gefundener Zettel Eindruck auf die deutsche Bevölkerung machen könnte. Jedes Kind in Deutschland weiß, daß amtliche Bekanntmachungen durch Presse, Rundfunk und andere amtliche Organe zu erfolgen pflegen, nicht aber durch die Ausstreuung von Flugzetteln, deren Inhalt den Stempel plumpen Schwindels nur zu deutlich trägt.'' Der dreizehnjährige Gerhard Stoffert bemerkte eines Tages in Bothfeld in der Nähe seiner Wohnung, daß zahlreiche weiße Zettel vom Himmel segelten. ,,Ich lief rasch hin und griff mir einige Blätter. Als ich sie unter den Pullover stecken und nach Hause rennen wollte, stand plötzlich ein SA-Mann hinter mir und fragte streng, was ich da hätte und ob ich es gelesen hätte. Ich stammelte nur ein kurzes Nein, gab ihm das Material und verschwand.'' Später mußten diejenigen, bei denen solche Feindpropaganda entdeckt wurde, mit schwerer Strafe rechnen.

Brieftauben durften in den ersten Kriegswochen nicht mehr aufgelassen werden, die zweite Briefzustellung war entfallen, und die Briefkastenleerung in Hannover wurde auf drei Termine am Tag reduziert. Das Abhören von „Feindsendern" wurde unter Todesstrafe gestellt, und auch neutrale Stationen wie der schweizerische Sender Beromünster durften nicht mehr eingeschaltet werden. Mit Warnungen, Verboten und Drohungen wurde die Bevölkerung auf den Krieg eingestimmt.

Und dieser Krieg bekam auch in Hannover wieder den Segen der Kirchen. In den Gemeinden wurde am ersten Kriegssonntag, 3. September, ein Aufruf der evangelischen Kirchenleitung von den Kanzeln verlesen, der tiefgläubige Christen vermutlich in Gewissenskonflikte gestürzt hat. „Die Entscheidung, deren Ungewißheit uns alle in den letzten Wochen und Tagen aufs tiefste bewegt, ist gefallen: Unser deutsches Volk ist aufgerufen, für das Land seiner Väter, für seine Freiheit und für seine Ehre zu den Waffen zu greifen." An die Gemeinden wurde appelliert, den Führer und die Wehrmacht in ihre Gebete einzuschließen, 25 Jahre zuvor war es der Kaiser gewesen. „Herr . . . segne Du unseren Kampf für die Ehre, für die Freiheit, für den Lebensraum des deutschen Volkes und sein Brot. Segne Du unsere Wehrmacht auf dem Lande, zu Wasser und in der Luft . . . Segne und schütze Du unseren Führer, wie Du ihn bisher bewahrt und gesegnet hast, und laß es ihm gelingen, daß er uns einen wahrhaftigen und gerechten Frieden bringe", sprachen die Pastoren. Die Kirchenleitung stellte sich rückhaltlos hinter Hitlers Aggressionskrieg gegen Polen, und Landesbischof D. August Marahrens und andere Geistliche gaben sich dazu her, das Christentum und das Wort der Kirche in den Dienst des Kampfes zu stellen. Im „Evangelisch-lutherischen Kirchenboten", der Mitte des Jahres die einzelnen Gemeindeblätter Hannovers als einheitliches Verkündigungsorgan abgelöst hatte, veröffentlichte der Landesbischof ein Gebet für die Gemeinden, in dem Gottes „Schutz und Schirm" für Volk und Vaterland erbeten wurde. „Segne den Führer, stärke alle, die im Dienste unseres Volkes stehen . . . Laß kein Opfer vergeblich sein, führe uns zu einem Frieden, der unserem Volk Raum und Freiheit schenkt."

Damit die evangelischen Christen nicht an der Notwendigkeit des Krieges Zweifel bekommen konnten, wurden die Gemeinden noch einmal an die Ursache des Kampfes erinnert, der den Deutschen „aufgezwungen" worden sei. Unter der Überschrift „Ein gutes Gewissen stets verleih" wurde an die Gläubigen appelliert, das „harte Gesetz des Krieges entschlossen, getrost und mit gutem Gewissen auf uns zu nehmen. Damit ist zunächst betont, daß für die Dauer des Krieges die Stimme des Gewissens nicht ausgeschaltet werden kann. Im Kriege ist nicht alles erlaubt. Wenn wir uns empört gegen das Unwesen der Heckenschützen im polnischen Feldzug, gegen die Mißhandlung der Verwundeten und Gefangenen und die Verschleppung der Volksdeutschen gewandt haben, dann bewegte uns nicht nur das Mitgefühl mit unseren deutschen Brüdern, sondern da war unser Gewissen, das da urteilte: Diese Untaten waren nicht Recht." Und während am Ende des kurzen Krieges gegen Polen durch Sicherheitstruppen der SS bereits Tausende Mitglieder der polnischen Intelligenz ermordet wurden, da war im hannoverschen „Kirchenboten" zu lesen: „Für den Christen gilt doch das 5. Gebot: Du sollst nicht töten. Im Kriege aber wird gerade das zur Pflicht, was im Frieden mit höchsten Strafen geahndet wird." In Gemeinden wie an der Bugenhagenkirche wurden Kriegsbibelstunden eingeführt und Briefe von der Front in kirchlichen Kreisen verlesen, Pastoren sandten Rundschreiben für die eingezogenen Gemeindemitglieder an die Einheiten. Damit die empfindlichen Horchgeräte der Flak nicht gestört wurden, erhielten die Küster der Gemeinden genaue Vorschriften, wann Glocken noch geläutet werden durften. Ganze drei Minuten war das Geläut zu Gottesdiensten noch genehmigt, ansonsten nur noch bei Beerdigungen. Bei Trauungen, Taufen oder anderen kirchlichen Anlässen hatte das Geläut in der Großstadt zu schweigen. Im März 1940 war es dann ohnehin mit dem Glockenklang vorbei, denn die Gemeinden erhielten die Anweisung, sämtliche Glocken aus Bronze für die Metallsammlung abzugeben. Nur fünf Prozent künstlerisch und historisch wertvollstes Geläutes sollen diese Aktion überstanden haben.

Kritische Äußerungen wie jene von Pastor Heinrich Brinkmann in der St.-Markus-Kirche im November 1938 zum Judenpogrom fanden sich in jenen ersten Kriegswochen in den hannoverschen Kirchengemeinden nicht. Viele Geistliche waren einberufen worden, andere längst im Gleichschritt mit Partei und Staat. Wieder andere, die gezweifelt haben mögen, schwiegen. Die Gleichschaltung von Staat und Gesellschaft, die auch die Kirchen erfaßt hatte und längst keinen Widerspruch mehr duldete, fand auch unter den Christen Hannovers willige Weggenossen. „Man möchte etwas zum Gelingen des großen Ganzen beitragen, damit jedenfalls unser liebes Volk mit Ehren aus dem Entscheidungskampf hervorgehen kann", hatte der Vorsteher des Stephansstifts, Pastor Johannes Wolff, schon am 3. September seiner „Brüderschaft" mit auf den Weg gegeben, und am selben Tag hatte Pastor Trautmann in der Marktkirche gepredigt: „Ein Volk schickt sich an, in einen Kampf zu gehen, der wohl nicht leicht sein wird. Was brauchen wir für den schweren Kampf? Ein starkes Heer, gewiß, und ein diszipliniertes Volk. Wir brauchen auch die natürliche Begeisterung und die natürliche Kraft: Wir brauchen – wie es uns zugerufen wurde aus ernster feierlicher Stunde heraus – den ehernen Willen zum Durchhalten bis zum Letzten." Aber auf Gott müsse der Christ bauen, meinte Tautmann, „um die schwere Herausforderung des Krieges annehmen und bestehen zu können". Superintendent Trautmann, der kurz nach Kriegsbeginn als Gefreiter einberufen worden und später mit seiner Familie bei einem Fliegerangriff auf Hannover ums Leben gekommen war, hatte 1940 noch seine Marktkirchengemeinde aufgerufen, „hinter der kämpfenden Front die Front der Beter" zu bilden. Doch auch diese Front hielt nicht: Am Ende des Krieges waren von den 34 hannoverschen evangelischen Kirchen 15 zu mehr als 60 Prozent zerstört, die Innenstadtkirchen in Schutt und Asche versunken.

Noch aber schallten in Hannover die Siegesfanfaren, wenn auch gemischt mit den schrillen Heultönen der Luftschutzsirenen. Auf den Dächern der Conti und der Hanomag, beim Café Continental am Kröpcke und an anderen höher gelegenen Punkten der Stadt war leichte Flak auf Holztürmen aufgebaut, und in Misburg wurden Fässer für Vernebelungsmaßnahmen an den Straßen aufgestellt. Im Umkreis um die Stadt, am Kronsberg, in Bothfeld, an der Podbielskistraße, am Heisterberg und auf dem Lindener Berg waren schwere Flakkanonen in Stellung gegangen. Solange die Soldaten oben auf dem Wasserbehälter noch mit der kleinen 2-cm-Ka-

Eine von vielen Flakstellungen am Rande der Stadt.

none geübt hatten, fanden Lindener Frauen das so interessant, daß sie aus den benachbarten Kleingärten mit Gartenstühlen anrückten und sich ganz in der Nähe als Beobachter niederließen. Später, als vom Lindener Berg dann allerdings die 8,8-cm-Geschütze ihre tödlichen Geschosse feindlichen Bombern entgegenwummerten, da saß man in den Kellern und Bunkern sicherer. Vorerst setzten die Menschen auf die Propagandaparolen, wonach die Luftabwehr so stark sei, daß sich kaum ein Feindflieger über Hannover verirren werde.

Der siebzehnjährige Hermann Rust aus der Hainhölzer Straße befand sich beim zweiten Fliegeralarm des Krieges am Nachmittag des 4. September mit seiner Mutter auf dem Weg zum Bahnhof, als der auf- und abschwellende Heulton der Sirenen erklang. „Meine Mutter war zu Tode erschrocken, während mir dieser Alarm spannend vorkam", beschreibt Rust seine Gefühle später. In Gedanken sah er „schon feindliche Flieger über Hannover mit wohlgezielten Schüssen der Kanoniere vom Himmel geholt". Monate später beim ersten schweren Angriff auf Misburg und den ersten toten Zivilisten werden der Regierungspräsident und auch Oberbürgermeister Haltenhoff scharfe Kritik am unzureichenden Luftschutz üben. Noch aber wogen sich die Bürger in einer trügerischen Sicherheit. Der Tagesbefehl von Generalfeldmarschall Hermann Göring an die Flakabteilungen vom 1. September sollte auch zu dieser vermeintlichen Sicherheit beitragen: „Flakartilleristen! Ihr werdet jeden Angreifer vom Himmel herunterholen. Jeder Schuß aus euren Geschützen wird dem Leben eurer Mütter, Frauen und Kinder, wird dem ganzen deutschen Volk Sicherheit verbürgen." Und natürlich war auch Gauleiterstellvertreter Kurt Schmalz zur Stelle, als es darum ging, den Hannoveranern Sicherheit vorzugaukeln. Nach einem Besuch bei einer Flakbatterie am Stadtrand hieß es in der Presse, Schmalz habe die „Gewißheit mitnehmen können, daß die Gauhauptstadt durch die Batterien der deutschen Luftwaffe geschützt ist. Sollte es dem Feinde einmal einfallen, seine Flugzeuge statt mit naiven Papierzetteln mit Bomben zu beladen, dann werden ihm die deutschen Flakbatterien einen derartigen Empfang bereiten, daß er sich um den Rückflug keine Sorgen mehr zu machen braucht."

Am 7. September begannen überall im Stadtgebiet Mitglieder der Technischen Nothilfe in Grünanlagen und auf größeren Plätzen zwei Meter tiefe Splittergräben im Zickzack anzulegen, um den Passanten im Ernstfall schnellen Schutz zu gewährleisten. An der Georg- und Prinzenstraße wurden sie gebaut, vor dem Hauptbahnhof, am Nikolaifriedhof und vor dem Rathaus, am Jahnplatz in Hainholz wie auch am Küchengartenrondell, wo Lindener

Jungs wie Heinz Gremmler begeistert waren über diese neuen Spielmöglichkeiten. „Den Ernst der Lage hatten wir natürlich noch nicht erkannt." Um solches Kinderspiel zu unterbinden, bat der Polizeipräsident bereits am 9. September die Rektoren der hannoverschen Schulen, bei Schulbeginn eine Woche später die Kinder ernsthaft zu ermahnen, sich von diesen Splittergräben fernzuhalten, weil durch spielende Kinder die „Böschungen heruntergetreten und die Abstützungen gelockert werden". Die Mahnung muß ohne Erfolg geblieben sein, denn der Polizeipräsident bat im November den Oberbürgermeister, für die Bewachung der Gräben Garten- und Parkaufseher abzustellen.

Während das abendliche Leben bei Verdunklung in der Stadt stiller, ja unheimlicher wurde und der Verkehr durch das Verbot privater Autofahrten und die Requirierung unzähliger Fahrzeuge für militärische Zwecke geringer geworden war, herrschte an einer Stelle der Stadt in den ersten ein, zwei Kriegswochen ungewohnte Betriebsamkeit: am Hauptbahnhof. Noch Stunden vor Beginn des Krieges am 1. September waren zahlreiche Züge mit heimkehrenden Urlaubern und mit Kindern, die von der Volkswohlfahrt verschickt worden waren, im Hauptbahnhof eingetroffen. Andere Züge mit Reservisten wurden bereits in Richtung Osten abgefertigt. Auf den großen Fahrplantafeln waren viele Verbindungen plötzlich mit dem Wort „Ungültig" überklebt, und wer wissen wollte, ob sein Zug doch noch halbwegs pünktlich hinausging, mußte sich an einer aktuellen Fahrplantafel direkt neben der Fahrkartensperre informieren. Der Bahnhofsdienst des Roten Kreuzes wurde durch 60 freiwillige Helfer der NS-Frauenschaft verstärkt, Jugendliche von BDM und HJ faßten bereitwillig an, wenn es galt, Koffer zu schleppen. Am Aufgang zwischen den Bahnsteigen 4 und 5 dampfte eine Gulaschkanone. Vor besondere Probleme gestellt sahen sich jene Reisenden, die am Abend bei Verdunklung an den Abfahrtafeln ihren Zug herausfinden wollten. Mit Zündhölzern, Kerzenstummeln und abgeblendeten Taschenlampen versuchten sie, sich zurechtzufinden. Bei Fliegeralarm, im September insgesamt an drei Stunden und zehn Minuten, verloschen schlagartig die 800 Weichenlampen im Bereich des Hauptbahnhofs, Signale sprangen auf Rot, und die Reisenden mußten die Züge auf freier Strecke verlassen, um schnell in die Tunnel unter den Gleisen oder auch in den bereits 1936 im Westflügel des Bahnhofs gebauten Luftschutzbunker zu rennen. Ein weiterer Bunker für 800 Personen unter dem Ernst-August-Platz war meist schon mit Passanten gefüllt, ehe ihn die Reisenden erreichen konnten. Trotz eingeschränkten Fahrplans passierten auch im September täglich noch mehrere hundert Züge den Hauptbahnhof, der erstmals im Februar 1941 und dann im November 1942 von Bomben getroffen werden sollte.

Nach den ersten hektischen Wochen normalisierte sich das Leben unter Kriegsbedingungen langsam. Zwei der drei Schwimmhallen im Goseriedebad wurden stillgelegt, die Schulen öffneten am 13. und 15. September mit Feierstunden bei eingeschränktem Unterricht ihre Tore, und an vielen Einrichtungen der Stadt wurden zusätzliche Bezugsscheinausgabestellen eröffnet. Die noch zum Verkehr zugelassenen Fahrzeuge mußten jetzt mit einem roten Winkel auf dem Kennzeichen „freigestempelt" werden. Zunächst hatten offenbar nicht alle Autofahrer das private Fahrverbot ganz erstgenommen, denn der Polizeipräsident sah sich am 9. September zu dem Hinweis veranlaßt, daß „die ausgegebenen Tankausweiskarten keine Freibriefe zur unbeschränkten Nutzung der Wagen sind". Autos, die im Auftrag der Stadt oder staatlicher Stellen verkehrten, hatten sofort einen roten Zettel mit der Aufschrift „Dienstfahrzeug" an der Windschutzscheibe zu tragen, Ärzte und andere Personen, die in „lebensnotwendigem Interesse" unterwegs waren, mußten ihr Fahrzeug mit einem weißen Zettel und der Aufschrift „Zugelassen" kennzeichnen. Am 18. September dann wurden auf dem Schützen-, dem Welfen- und dem Waterlooplatz bei strömendem Regen die „begehrten roten Winkel" als Zulassungsbescheinigung auf die Kennzeichen gesetzt. Schließlich durfte nur noch jedes vierte Fahrzeug aus Vorkriegstagen überhaupt auf Hannovers Straßen verkehren.

In den Straßenbahnen der Überlandwerke sah man seit August/September immer mehr Frauen als

Im Hauptbahnhof galten zu Kriegsbeginn die normalen Fahrpläne nicht mehr.

> Hannover, den 16. September 1939.
> Kl. Düwelstraße 2.
>
> In einem Gefecht bei Dosewice am 8. September 1939 fiel mein geliebter Mann
>
> **Hans Mierzwa**
>
> im 34. Lebensjahre für seine Heimat.
>
> In unsagbarem Schmerz im Namen aller Hinterbliebenen
>
> Erna Mierzwa
> geb. Pande

> Auf dem Felde der Ehre fiel am 1. September 1939
> Herr Diplom-Landwirt
>
> **Alfred Haupt**
>
> Oberleutnant d. Res. und Komp.-Führer in einem Inf.-Regt.
> Inhaber des Eisernen Kreuzes I. Klasse (von 1914) und des Hohenzollernschen Hausordens
>
> Uns allen, die wir mit ihm zusammen arbeiten durften, wird er in steter Erinnerung bleiben als ein gerechter und um das Wohl seiner Gefolgschaft besorgter Betriebsführer und als ein Mann, der mit höchsten soldatischen Tugenden ein außergewöhnliches Maß von Tatkraft und Schaffensdrang in glücklichster Weise vereinigte.
>
> In Dankbarkeit und Treue
> die Gefolgschaft
> des Buchführungs- und Revisions-Institutes
> E. Dieterichs Nachf. Alfred Haupt.

Als die ersten Todesanzeigen Anfang September in den Zeitungen erschienen, wurde vielen Hannoveranern der Ernst des Krieges richtig bewußt.

> Hannover, den 16. September 1939
> Sonnenweg 5, III.
>
> Am 2. September 1939 fiel in treuer Pflichterfüllung bei Dombrowa unser lieber Sohn und Bruder, der
>
> Soldat
> **Rudolf Beneke**
>
> im Alter von 24 Jahren.
>
> Familie Beneke

Schaffnerinnen. Oft waren es Ehefrauen und Töchter von Straßenbahnangestellten, die zur Wehrmacht eingezogen worden waren. Bis zum Jahresende beschäftigte das Verkehrsunternehmen 200 Frauen zusätzlich in Straßenbahnen und Omnibussen, aber auch in den Werkstätten und in der Fahrzeugreinigung. Aus den im Westen zeitweise geräumten Grenzgebieten waren noch einmal 60 Straßenbahner zur Unterstützung der Überlandwerke-Gesellschaft gekommen, die sich seit Kriegsbeginn einem wahren Fahrgastboom gegenübersah. Kein Wunder, die Autos waren von den Straßen verbannt, und weil auch Fahrräder und Motorräder wegen der Reifensammlungen stillgelegt werden mußten, stieg die ganze Stadt auf Busse und Bahnen um. Am Ende des ersten Kriegsjahres zog die Gesellschaft Bilanz: Insgesamt waren 100 Millionen Fahrgäste befördert worden, 28 Millionen mehr als noch ein Jahr zuvor. Auch der Zulauf von Wehrmachtssoldaten, die von ihren Kasernen am Stadtrand nach Dienstschluß in die Innenstadt wollten, hatte erheblich zugenommen. Seit dem 12. September durften die Wehrmachtsangehörigen ebenso wie Mitglieder der SS-Verfügungstruppe und uniformierte DRK-Angehörige im ganzen Stadtgebiet zum Einheitspreis von zehn Reichspfennig fahren. Verwundete hatten freie Fahrt. Die Wehrmacht wie auch der Regierungspräsident und der Oberbürgermeister hatten die Straßenverkehrsbetriebe bereits im Sommer 1939 zur Einführung eines Sondertarifes für diese Gruppen gedrängt. Doch das Unternehmen ließ sich damit reichlich Zeit und wollte zunächst eine Stellungnahme des Deutschen Gemeindetages abwarten. Als aber dann der Krieg ausgebrochen war, konnten sich die Überlandwerke nicht länger sperren.

Während bei der Feldpostsammelstelle in der Hindenburgschule Hunderte von Säcken mit Kartengrüßen aus Polen eintrafen und Angehörige die ersten Päckchen an die Front sandten, wurden die Hannoveraner aus dem „Siegestaumel" der Sondermeldungen herausgerissen und erneut mit der Realität des Krieges konfrontiert. In den Zeitungen tauchten die ersten Todesanzeigen gefallener Soldaten auf. Mal waren sie mit einem Hakenkreuz versehen, dann wieder trugen sie das Eiserne Kreuz. „Auf dem Felde der Ehre fiel . . .", „In treuer Pflichterfüllung starb . . ." oder „In einem Gefecht bei Dozewice fiel mein geliebter Mann" lauteten die Texte der Todesanzeigen. Hannoversche Mütter und Väter trauerten um ihre Söhne und Frauen um ihre Ehemänner. Als einen der ersten Toten aus Hannover würdigten die Tageszeitungen den Chefredakteur des „Hannoverschen Kuriers", Dr. Kurt Voß, der am 5. September bei Petrikau „an der Spitze seiner Kompanie" gefallen war. Solche Würdigungen blieben in den folgenden

Kriegsjahren die Ausnahme, denn die Partei vermied alles, was Pessimismus und Mutlosigkeit über das Geschehen an den Fonten hätte bestärken können.

Als die Todesanzeigen in den Zeitungen immer mehr Raum einnahmen, machte man sich auch im hannoverschen Rathaus darüber Gedanken, wie man den Gefallenen öffentlich ein ehrendes Andenken bewahren könne. Am 24. Oktober stellte Stadtbaurat Karl Elkart in der Dezernentenrunde erstmals die Frage, ob die Stadt – wie schon im Ersten Weltkrieg – wieder einen Ehrenfriedhof anlegen wolle. Als Standort empfahl er sowohl den Seelhorster Friedhof wie auch den Stöckener Friedhof. Oberbürgermeister Haltenhoff bestimmte, daß man ein solches Gräberfeld in Stöcken vorbereiten, ansonsten aber erst mal die „Weiterentwicklung" abwarten solle. Einen Monat später verkündete Elkart dann seinen Kollegen, daß nun mit der Beisetzung in Stöcken begonnen werden könne. Dort sollten nur die Hannoveraner ein Ehrengrab bekommen, die gefallen, nach einer Verwundung gestorben oder durch einen Unfall im Krieg ums Leben gekommen waren. Gebühren, so wurde im Protokoll dieser Sitzung vermerkt, sollten nicht erhoben, die Gräber nach „einheitlichen Grundsätzen" gestaltet werden.

In der zweiten Septemberhälfte erreichten Hannover die ersten Transporte Verwundeter aus Polen, für deren Aufnahme schon während der Mobilmachung umfangreiche Vorbereitungen getroffen worden waren. Rund 1250 Betten sollten nach einer als „Geheim" eingestuften Mitteilung der Verwaltung im Wehrkreis XI in Hannover für Zwecke der Wehrmacht bereitstehen, darunter Reservelazarette im Annastift, in der geräumten Bismarckschule, in der Lotte-Kestner-Schule in der Meterstraße, im Colshornheim in Misburg, in der Hindenburg-Jugendherberge am Maschsee sowie im Clementinenhaus und in der Heil- und Pflegeanstalt Langenhagen. Ursprünglich war auch ein Reservelazarett im Krankenhaus Nordstadt vorgesehen, doch konnte diese Anforderung der Wehrmacht zurückgewiesen werden. Um die in städtischen Krankenanstalten nun für Frontsoldaten frei gemachten Betten an anderer Stelle für die Zivilbevölkerung einrichten zu können, wurden unter anderem die Grundschule an der Haltenhoffstraße, die Bürgerschule 5 am Goetheplatz und auch die ehemalige Gartenbauschule in Ahlem zeitweise zu Hilfskrankenhäusern erklärt. Das neue Standortlazarett an der Eilenriede stand zu Kriegsbeginn noch nicht zur Verfügung, das alte Wehrmachtslazarett in der Adolfstraße war mit den Kranken aus hannoverschen Kasernen schon überbelegt. Anfang September schlug der Oberbürgermeister vor, zur ausreichenden Versorgung der Bevölkerung auch das „Hotel zum Kronprinzen" am Raschplatz als Hilfskrankenhaus auszuweisen. Das Stephansstift erklärte sich bald nach Kriegsbeginn in einem Vertrag mit der Wehrkreisverwaltung bereit, seine Lehrwerkstätten für jene Verwundeten zur Verfügung zu stellen, die „in Ausübung ihres Berufes durch Verlust oder Funktionsstörungen von Gliedmaßen behindert sind". Doch mit solch weitgehenden Kriegsfolgen sollten die Hannoveraner vorerst nicht konfrontiert werden.

Als Reporter des „Hannoverschen Anzeigers" dem Reservelazarett in der Bismarckschule Anfang Oktober einen Besuch abstatteten, da war von „freundlichen, hellen Schulsälen", von Blumen und Büchern für die Verwundeten die Rede und davon, daß die langsam Genesenden einen „Bärenappetit" entwickelten. Dienstbare Geister der NS-Frauenorganisation, des Roten Kreuzes und verschiedener Schwesternschaften bemühten sich, den Verwundeten ihr Los zu erleichtern. Die Hannoveraner brachten den ersten Verwundeten Obst und Lesestoff oder vertrieben den Soldaten einfach durch ihre Anwesenheit die Zeit. „Die waren unheimlich froh, als wir sie am Nachmittag besuchten", erinnert sich Hildegard Franzenburg. Die Achtzehnjährige, die damals bei der Elektrofirma Oberpottkamp arbeitete, traf sich häufig am Nachmittag mit Freundinnen zum Besuch in der Bismarckschule, wo die jungen Mädchen den Verwundeten auf dem Schulhof bei ersten Gehversuchen an Krücken halfen oder sie auch mal im Bett fütterten. „Viel erzählt haben die jungen Männer nicht. Schon gar nicht von ihrem Kriegseinsatz, denn das durften sie wohl nicht. Aber ich glaube, viele wa-

Die ersten Verwundeten wurden vom Hauptbahnhof mit Straßenbahnwagen zu den Reservelazaretten gebracht.

Im Reservelazarett Annastift bemühten sich Schwestern liebevoll um die Verwundeten und Versehrten. Viele Hannoveraner machten Krankenbesuche.

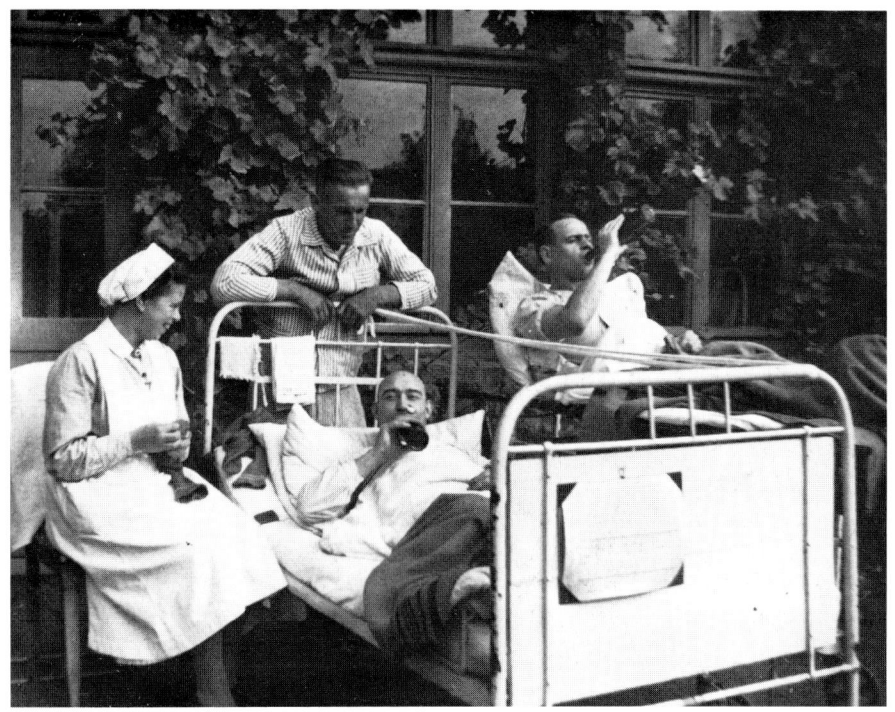

bereitete den Verantwortlichen allerdings die Tatsache, daß von den 550 hannoverschen Ärzten mehr als die Hälfte zum Kriegsdienst eingezogen worden war, während an Schwestern kein Mangel herrschte. Man half sich damit, bereits pensionierte Mediziner aus dem Ruhestand zurückzuholen. Daß auch in den Reservelazaretten, den städtischen Kliniken und in Hilfskrankenhäusern die Rohstoffknappheit Auswirkungen zeigte, ist einer ,,Anregung'' der Verwaltung zu Sparmaßnahmen vom November 1939 zu entnehmen. Darin wurden der Wäschebestand und die sonstigen Spinnstoffwaren ,,als wertvollstes Gut'' bezeichnet, mit dem sparsam umzugehen sei. ,,Gardinen, die nur dekorativen Zwecken dienen, können entfernt werden. Ebenso müssen alle Repräsentationswäschestücke wie Abdecklaken, Decken und Tischtücher entfallen.'' Bei bettlägerigen Kranken sollte die Wäsche nur alle drei Wochen gewechselt, die Wäsche ,,bis zur Grenze des Möglichen ausgebessert'' und Verbandsstoffe ,,bis zur völligen Unbrauchbarkeit'' wiederverwendet werden.

Am Wochenende vom 23./24. September wurde die zweite Lebensmittelkarte an die Hannoveraner ausgegeben, wozu ,,polizeiliche Wache'' zur ordnungsgemäßen Abwicklung beantragt wurde. Am darauffolgenden Montag erfuhr die Bevölkerung, daß ab sofort wieder Kohlen ohne Bezugsscheine abgegeben werden durften, wobei sich die Kunden jedoch bei ihren Händlern in Listen eintragen mußten. Weil dem Kohlenhandel durch Requirierungsmaßnahmen ein Teil seines Wagenparks abgenommen worden war, mußte eine Transportgemeinschaft zur Sicherstellung der Auslieferungen gebildet werden. An diesem Wochenende übrigens kehrte ein kleines Stück Normalisierung des Alltags ins Bewußtsein der Bevölkerung zurück. Die Tanzschulen luden zu neuen Kursen ein, da der Tanzunterricht nicht unter das ,,Verbot öffentlicher Lustbarkeiten'' gefallen war. Eine Woche später waren solche ,,Lustbarkeiten'' nur noch dann verboten, wenn sie vor 19 Uhr stattfinden sollten. Veranstalter von Tanzabenden mußten bei ihrem Polizeirevier ein Antragsformular einreichen, dann durfte auch wieder geschwoft werden. Und auch die Polizeistunde wurde bald wieder auf 1 Uhr verlängert, einige Bars wie die ,,Rote Mühle'', das ,,Faun'' oder die ,,Königin-Bar'' durften sogar bis 2 Uhr in der Nacht geöffnet halten.

ren froh, den Heimatschuß erhalten zu haben.'' In den ,,Wehrkreisnachrichten'' vom November 1939 allerdings klang die offizielle Lesart über die Gefühlswelt der Verwundeten ganz anders. ,,Jetzt sind sie alle froh, daß sie in Hannover eingetroffen sind. Nicht, weil die Front damit in weite Ferne gerückt ist, sondern – so sagte uns ein Soldat – ,hier päppeln sie uns doch schneller hoch, und dann geht es wieder an die Front'.''

Allerdings blieben die Verwundetentransporte nach Hannover 1939 noch eine Seltenheit, und der für die Krankenhäuser zuständige Stadtrat Prof. Dr. Jung konnte im November mitteilen, daß die von der Wehrmacht angeforderten Betten ,,zur Zeit längst nicht gebraucht'' würden. Erhebliche Sorgen

Während sich die Sicherheitsdienststellen etwas lockerer gaben, wenn es um das Vergnügen ging, wurden an anderer Stelle die Zügel straffer gezogen. Nachdem bereits am 6. September die Reichsmeldeordnung verschärft worden war, um durch ,,eine genaue Überwachung des Personenverkehrs'' Sabotage- und Spionageakte zu verhindern, hatte

Polizeipräsident Geyer im Nachrichtenblatt der Polizeiverwaltung seine hannoverschen Beamten am 27. September vor „Lücken" im Sicherheitsnetz gewarnt. Im „Dienst der feindlichen Spionage- und Sabotagedienste stehende Personen, Deserteure und Landesverräter suchen ihre Anmeldung zu hintertreiben", mahnte er die Schutz- und Kriminalpolizei, die alles tun sollte, um die Beachtung der nun in Kraft getretenen „Verschärfung der polizeilichen Meldeordnung" durchzusetzen. Binnen drei Tagen mußte sich jeder, der nach Hannover zugezogen oder umgezogen war oder hier nur einen Besuch machen wollte, bei den Meldebehörden anmelden. Vermieter hatten sich eine ordnungsgemäße Anmeldebescheinigung vorlegen zu lassen. Nichts sollte mehr dem Zufall überlassen bleiben.

Wenige Tage vor dem endgültigen Sieg in Polen durch die deutsche Wehrmacht wurde es in Hannover „heller" auf den nächtlichen Straßen. Die am 1. September 1939 ausgeschalteten 12 000 städtischen Gaslaternen und die elektrischen Straßenlampen konnten zu einem kleinen Teil am 20. September wieder in Betrieb genommen werden. Zuvor waren die Verglasungen mit schwarzer Farbe gestrichen und lediglich kleine Schlitze zum Lichtaustritt offengelassen worden. Gegen die Sicht von oben waren die sechseckigen Leuchten ebenfalls getarnt worden. Stadtrat Hermann Müller zeigte sich am 26. September erfreut darüber, daß es ihm gelungen war, „trotz anfänglichem Widerstand des Polizeipräsidenten" die Einschaltung von 120 elektrischen Straßenlampen zur Erhöhung der Verkehrssicherheit durchzusetzen. Während die elektrischen Lampen im Falle eines Alarms nicht sofort gelöscht werden konnten, sah das bei den Gaslaternen anders aus. Durch ein geheimes Signal des Luftschutzwarndienstes wurden die städtischen Betriebswerke von einem bevorstehenden Fliegeralarm informiert, so daß die Gasversorgung innerhalb von zwei Minuten lahmgelegt werden konnte. Ende des Jahres meldeten die Betriebswerke, daß trotz weiter gültiger Verdunklung mehr als 3000 Laternen im Stadtgebiet ihren Schimmer verbreiteten. Seine „Tarnungsfähigkeit als abgeblendete Stadt" hatte Hannover dennoch unter Beweis gestellt.

Am 30. September erreichte die Kirchengemeinden ein Schnellbrief des Reichsministeriums für kirchliche Angelegenheiten, dessen Text am 3. Oktober auch in allen Tageszeitungen veröffentlicht wurde und das Ende des Polenfeldzuges betraf: „Aus Anlaß des bevorstehenden Einzugs der deutschen Truppen in Warschau wird hierdurch ersucht anzuordnen, daß vom Tage des Einmarsches an alle Glocken zu dankerfülltem Gedenken des Sieges und zum Gedenken an die Gefallenen für die Dauer von sieben Tagen mittags eine Stunde lang, und zwar von 12 bis 13 Uhr, zu läuten sind. Der Tag des Einmarsches wird durch Presse und Rundfunk bekanntgegeben." Der Krieg war damit noch nicht beendet – noch hatten die westlichen Kriegsgegner Deutschlands kaum eingegriffen – doch in Hannover dachten viele wie Heinz Gremmler: „Adolf hat es denen mal wieder gezeigt." Daß der Kampf im Westen weitergehen würde, daran wollten viele einfach nicht mehr glauben. Das Leben hatte sich doch immerhin normalisiert, und mit dem Sieg über Polen stieg auch bei jenen, die Hitlers Kurs skeptisch gegenübergestanden hatten, das „Wir-Gefühl". Hans Schröder dachte damals, „vielleicht machen uns die Westmächte jetzt ein Friedensangebot, dann hört der Kampf auf", und Gerhard Stoffert war überzeugt davon, „daß nun Ruhe herrscht in Polen". Daß es Friedhofsruhe sein sollte, konnte sich der ehemalige Leibnizschüler nicht vorstellen, natürlich nicht. Schließlich sollten ja sogar die Glocken läuten...

Die Glocken läuten Sieg
Sieben Tage lang täglich einstündiges Geläut

Aus Anlaß des bevorstehenden Einzuges der deutschen Truppen in Warschau werden die Kirchen – neben der bereits angeordneten Beflaggung – zum dankerfüllten Gedenken des Sieges und zum Gedenken an die Gefallenen vom Tage des Einmarsches ab für die Dauer von sieben Tagen mittags eine Stunde lang, und zwar von 12 bis 13 Uhr, die Glocken läuten.

„Hannoverscher Anzeiger" vom 3. Oktober 1939.

Diejenigen, die Ende September ahnten, daß die Waffen wohl noch nicht ruhen würden, waren in der Minderheit. „Nach dem Blitzsieg waren alle überzeugt, daß der Krieg Weihnachten zu Ende gehen würde", schrieb Ilse von Gösseln in einem persönlichen Bericht über ihre Erinnerungen an den Krieg in Hannover, der ja abgesehen von den Einschränkungen, den Todesanzeigen und Verwundetentransporten noch längst nicht bei allen tief ins Bewußtsein eingedrungen zu sein schien. Emmy Baumgarte, die unter der Anschuldigung des Hochverrates schon im Gefängnis gesessen hatte, war damals klar, „daß Hitler sich nicht mit Polen zufriedengeben würde. Gleich nach Ende des Polenfeldzuges ließen uns eingezogene Genossen wissen, was sich dort wirklich hinter der Front abgespielt hatte. Das sei erst der Anfang gewesen, war der Tenor in den Gesprächen mit unseren alten Freunden." Ähnlich empfand auch der siebzehnjährige Helmut Rode: „Wenn man damals mal privat mit jemandem am Tisch saß und über Hitlers Vorgehen sprach, wurde immer wieder deutlich, daß so recht nicht an den Abschluß des Kampfes geglaubt wurde. Aber die Propaganda bombardierte uns weiter."

Als Polen besiegt war, flaggten Hausbesitzer – hier in der Podbielskistraße – die Straßen, Geschäftsleute bekannten sich in ihren Auslagen zu Adolf Hitler.

Frauen waren der „Notnagel" für den Arbeitsmarkt

Oktober bis Dezember 1939

Der 1. Oktober 1939 ist ein Sonntag, Erntedankfest. An diesem Tag marschierten die deutschen Truppen in die polnische Hauptstadt Warschau ein, und auch in den hannoverschen Kirchengemeinden wurde des siegreichen Feldzuges gedacht. „Wir hofften natürlich, daß unsere Männer jetzt bald von der Front zurückkehren würden", sagt Anni Röttger, und so wie sie dachten damals viele Frauen. Drei Tage später, am 4. Oktober, erklangen dann erstmals seit Wochen wieder die Glocken sämtlicher evangelischer und katholischer Kirchen über den Dächern Hannovers, und in den Zeitungen wurde mit weihevollen Worten des „Blitzsieges" über Polen gedacht. „Haus bei Haus wehen die Fahnen des Nationalsozialismus, weht die Fahne des Führers, dem der besondere Dank seines Volkes dafür gilt, daß er die Voraussetzungen für den kraftvollen, nicht aufzuhaltenden Siegeszug deutscher Soldaten schuf. Und die Glocken läuten Dank. In der Mittagsstunde des Mittwochs von 12 bis 13 Uhr läuteten zum ersten Mal über Hannover und über ganz Deutschland die Glocken aller Kirchen. Mächtig wurde ihr Klang durch die klare Herbstluft weit über Stadt und Land hinausgetragen. Sieben Tage wehen die Fahnen des Sieges, sieben Tage lang läuten die Glocken. Stolz ist die Heimat auf den Sieg, der auf den Schlachtfeldern errungen wurde. Stolz ist sie auch auf die Männer, die den Glauben an die Größe des Vaterlandes in ihren Herzen trugen und sich dem Vaterland weihten. Auch den toten Helden, die den Ruhm der Unsterblichkeit um ihren Namen woben, gelten die wehenden Fahnen."

Worte von Kampf und Tod, von Ehre und auch von „Ritterlichkeit" gegenüber dem besiegten Feind wurden am Tag, als die Hannoveraner diese Siegeshymne in ihrer Zeitung lasen, auf dem Militärfriedhof in Limmer gesprochen. In der kleinen Kapelle hielten Soldaten eines Luftwaffengeschwaders Ehrenwache an den Särgen von zwei britischen Fliegern, die von deutschen Jägern mit ihrer Maschine in einem kurzen Luftkampf in der Nähe von Paderborn abgeschossen worden waren. In diesen ersten Tages des Luftkrieges blieb noch viel Zeit, auch des besiegten Gegners zu gedenken, und man tat es in Limmer wie anderswo mit „dumpfem Trommelwirbel", mit Ehrensalven über den Särgen und Gebeten am Grabe.

Drei Tage darauf erfuhr die deutsche Öffentlichkeit, welchen Blutzoll der „Fall Weiß", der Krieg in Polen, in den eigenen Reihen gefordert hatte. Vor dem Reichstag zog Adolf Hitler Bilanz: 10 572 Gefallene, 3409 Vermißte und 30 322 Verwundete. „Ich habe es verboten, mehr Menschen zu opfern, als unbedingt notwendig", erklärte Hitler zynisch in seiner „Absage an die Kriegshetzer". Diese absoluten Zahlen sagten nichts über das Elend in den einzelnen Familien aus. „Bei uns war die Stimmung gedrückt. In der kaum 100 Meter langen Pfarrstraße in Linden waren gleich in den ersten Tagen zehn junge Menschen aus der Nachbarschaft gefallen. Da war nichts mehr von Jubel über den errungenen Sieg zu spüren, der Schrecken des Krieges war bei uns schon früh Wirklichkeit geworden", erinnert sich Elisabeth Stier genau. Bereits im Oktober, als die Verwundetentransporte in Hannover ankamen, da begann das nächste Kapitel des Krieges, ohne daß es alle schon wahrgenommen hätten. Eisenbahnzüge mit Soldaten und Material fuhren an Hannover vorbei in Richtung Westen, wo die Franzosen und Engländer trotz ihrer Kriegserklärung vom 3. September in Wartestellung standen und noch nicht in den Krieg eingegriffen hatten. Auf dem Mittellandkanal tauchten die ersten Kanalschiffe mit abgesägtem Bug auf, die für die heimlich vorbereitete Invasion nach England präpariert worden waren. Auch das Bild auf der neuen Autobahn von Berlin nach Westen, über das jetzt lange Fahrzeugkolonnen der Militärs zogen, hatte sich gewandelt. „Auf dem Mittelstreifen hatte man jede Menge Schrottfahrzeuge abgestellt, um im Ernstfall ein Landeunternehmen feindlicher Maschinen unterbinden zu können", berichtet Gerhard Stoffert, der solche Schrotthaufen auf dem Autobahnabschnitt bei Bothfeld beobachtet hat. Und damit sich auch die Hannoveraner davon überzeugen konnten, daß alles getan war, um den Westwall gegen feindliche Übergriffe zu sichern, zeigte die Gaufilmstelle der NSDAP im Gloria-Palast und in den Atrium-Lichtspielen bei 20 Pfennig Eintritt einen Film über die Arbeiten an jenem „unüberwindbaren Friedenswall".

„Wir führten eigentlich wieder ein ganz normales Leben", bestätigt Helmut Plath, der damals zusammen mit den Männern vom SA-Sturm 11/13 auf die Einhaltung der Verdunklungsvorschriften achten mußte. Am Wochenende machten die SA-Leute ihre Sportabzeichen, die Hitlerjugend traf sich wie üblich zum Dienst mittwochs und sonnabends, und in den Schulen tauchten plötzlich neue Gesichter auf. „Bei uns meldete sich ein neuer Klassenkamerad aus dem Saarland. Er kam aus Neunkirchen in die Leibnizschule und erzählte uns, daß die Zivilbevölkerung der Städte und Dörfer des Saargebietes wegen der nahen Frontlage bei Kriegsbeginn evakuiert und auf das ganze Reichsgebiet verteilt worden wäre", so Hermann Rust in seinen Erinnerungen. Was Rust und seine Mitschüler damals nicht wissen konnten: Der neue Klassenkamerad gehörte zu jener Gruppe Deutscher, auf die man in Hannover dringend gewartet hatte, um sie als Ersatz in die Rüstungswirtschaft und die Industriebetriebe schicken zu können.

Die meisten Firmen in Hannover und im Bereich der Rüstungsinspektion XI litten vom ersten Kriegstag an unter erheblichem Arbeitskräftemangel, der auf verschiedene Ursachen zurückzuführen war. Tausende Hannoveraner waren bereits seit 1938 als Mitglieder der Organisation Todt am Bau des Westwalls eingesetzt, und durch den Krieg waren viele Arbeiter und Angestellte einberufen worden. Noch dazu wurde jetzt auch von den Industriebetrieben eine erhöhte Arbeitsleistung vor allem in rüstungswichtigen Bereichen verlangt. Da die „totale" Mobilmachung sich zunächst ausschließlich auf die Wehrmacht bezogen hatte, waren auch solche Betriebe, die nicht unbedingt „lebensnotwendige" Güter produzierten, noch nicht stillgelegt und banden folglich zusätzliche Arbeitskräfte für die Wirtschaft. Das hannoversche Arbeitsamt am Horst-Wessel-Platz (heute Königsworther Platz) sah sich nicht mehr in der Lage, für ausreichende Ersatzkräfte zu sorgen, und wenn nicht – wie bei den Verkehrsbetrieben – die Unternehmen selbst für Ersatz durch Frauen sorgen konnten, dann klafften erhebliche Lücken in Produktionsplänen.

Eine geheime Anweisung an die der Rüstungsinspektion XI unterstellten Betriebe bestimmte, daß die „zur Zeit von der Regierung getroffenen Maßnahmen für die Reichsverteidigung möglichst auf die Wehrmacht beschränkt bleiben" sollten. „Aufgabe ihres Betriebes ist es, für die Wehrmacht laufende Friedensfertigung im bisherigen Umfang unbedingt aufrechtzuerhalten. Die Fertigung von Wehrmachtsgeräten hat den unbedingten Vorrang vor der gesamten übrigen Fertigung", wurde den Unternehmen vorgeschrieben. Zugleich war den Betriebsführern die Genehmigung erteilt worden, zur Sicherstellung der Produktionspläne die Arbeitszeit von acht auf zehn Stunden heraufzusetzen. Insgesamt bezifferte die Rüstungsinspektion in einem Lagebericht zum Jahresende den Mehrbedarf der Rüstungsbetriebe in ihrem Zuständigkeitsbereich auf 62 000 Personen, wobei die aus dem Boden gestampften Hermann-Göring-Werke in Salzgitter und das Volkswagenwerk in Fallersleben einen enormen Zusatzbedarf geltend gemacht hatten. „Ersatz" erhofften sich die damaligen Planer aus dem Westen – doch diese Hoffnung zerstob, so zynisch es klingen mag, an der militärischen Untätigkeit der deutschen Kriegsgegner.

Die Planung war davon ausgegangen, daß nach dem Angriff gegen Polen Frankreich umgehend in die westrheinischen Gebiete einmarschieren würde, deren Bevölkerung nach ausgearbeiteten Mobilmachungsplänen umgehend evakuiert und auf die Gaue aufgeteilt werden sollte. Für den Wehrkreis XI, Hannover, hatte man mit 505 000 Menschen aus dem Raum Aachen gerechnet! Etwa ein Zehntel dieser Reserve sollten Facharbeiter sein, die sofort in die hannoversche Rüstungsbetriebe übernommen werden sollten. Insgesamt kamen dann aber aus den Räumungsgebieten nur 50 000 bis 60 000 Menschen, unter denen sich 80 und mehr Prozent nicht einsatzfähiger Frauen und Kinder, Kranke und Greise befanden. „Der verbleibende Rest war schnellstens von der kriegswichtigen Wirtschaft aufgenommen worden", vermeldete die Rüstungsinspektion. Erschwerend für das Arbeitskräftepotential kam hinzu, daß die für den Auffangraum Hannover vorgesehenen „Volksgenossen" überwiegend aus dem Saarland stammten und nicht aus dem Aachener Gebiet, das zu diesem Zeitpunkt nur geringfügig evakuiert worden war. Statt der erwarteten Fachkräfte aus der Eisen- und Stahlbranche, die gut in Hannovers Rüstungsfirmen gebraucht worden wären, kamen Bergleute und Hüttenarbeiter, die dann außerhalb der Stadt im Erzbergbau und im Kohlenabbau eingesetzt wurden. Weil das Aachener Gebiet entgegen der Planung nicht geräumt werden mußte und die Bergung der Bevölkerung aus anderen Gebieten nicht genügend vorbereitet worden war, „war eine wichtige Quelle zur Deckung des Fehlbedarfes an Arbeitskräften der Rüstungsinspektion XI von vornherein zum Versiegen gebracht", stellten die Logistiker nüchtern fest. Kaum zu glauben, aber wahr: Die Menschen aus den Bergungsgebieten im Westen wurden teilweise zu Fuß in Marsch gesetzt. Die Folge war, daß sich andere Rüstungsinspektionen „ihren" Arbeitskräftebedarf frühzeitig sichern konnten. Da andere hannoversche Firmen nicht stillgelegt worden waren, mußte nach vier Monaten Kriegszustand die „bedauerliche Tatsache" registriert werden, „daß noch viele Betriebe nicht in der Lage waren, ihre zweite Schicht zu besetzen und damit die Maschinenkapazität in dem mobmäßig vorbereiteten Sinne zu erfüllen".

Daß angesichts dieser wenig zufriedenstellenden Analyse, die sich durch den früh einsetzenden Winter 1939/40 bald noch verstärken sollte, an Frauen als Arbeitskräftereservoir gedacht wurde, kannten die älteren Hannoveraner schon aus den Tagen des Ersten Weltkrieges. Bereits am 3. September war der sechsmonatige Reichsarbeitsdienst auch für Frauen im Alter von 17 bis 25 Jahren zur Pflicht geworden, so daß die gesetzliche Grundlage zur Einziehung vor allem junger Frauen in den Arbeitsprozeß geschaffen war. ,,Die Nazis warfen das lange gepflegte Bild der Frau, die sich doch um ihre Familie zu kümmern und dem Mann den Rücken freizuhalten hatte, über den Haufen, als es galt, Lücken in der Heimatfront zu schließen'', sagt Hildegard Franzenburg. Die Leiterin der NS-Frauenschaft, Lydia Gottschewski, hatte schon Jahre vorher die Aufgabe der Frau im NS-Staat so umrissen: ,,Die neue Frauenbewegung verlangt nur ein einziges Recht, das Recht des Dienendürfens, die willige, unseren Artgesetzen entsprechende Einordnung in die Gemeinschaft des Volkes.'' Daß dieses Willigsein nicht nur für die 3,3 Millionen Mitglieder des Deutschen Frauenwerkes und der NS-Frauenschaft zu Kriegsbeginn gelten sollte, erfuhren die dort nicht organisierten Hannoveranerinnen schnell. Besonders schwierig war es für Frauen wie die 30 Jahre alte Anneliese Hermann. Die Südstädterin hatte sich im Frühsommer 1939 geweigert, der NS-Frauenschaft beizutreten. ,,Das hat mir die zuständige Frauenschaftsführerin offenbar sehr übel genommen.'' Vierzehn Tage nach dem Tod ihrer Mutter erhielt Anneliese Hermann die Aufforderung, in der Munitionsfabrik Scheuen bei Celle zu arbeiten. ,,Ich mußte um 5 Uhr morgens zum Hauptbahnhof los, um pünktlich meinen Dienst antreten zu können. Erst um 19 Uhr kamen wir wieder total kaputt nach Hannover zurück.'' Anneliese Hermann sah sich plötzlich in der Fabrik neben Dirnen arbeiten, ,,die hygienischen Verhältnisse waren ebenso katastrophal wie die Arbeitsbedingungen''. Die Frauen, die offenbar unliebsam aufgefallen waren, mußten Pulver in Geschoßhülsen füllen und schwere Munitionskisten zum Abtransport bereitstellen. ,,Wir waren ständig in Angst, daß etwas explodieren könnte.'' Erst nach Kriegsbeginn, als ihr Mann nach Bothfeld eingezogen worden war, konnte Anneliese Hermann die ,,Zwangsarbeit'' in Scheuen aufgeben und wieder in Hannover arbeiten.

Seit dem 6. Oktober 1939 hingen überall in der Stadt große Plakate an den Litfaßsäulen, auf denen junge Frauen aufgefordert wurden, sich zur Musterung beim Meldeamt am Waterlooplatz einzufinden. Wer einen Arbeitsplatz nachweisen konnte, wurde sofort wieder nach Hause geschickt, wer dagegen gleich mit einem Rückstellungsgesuch auftrat, um beispielsweise den festgebuchten Gesangsunterricht nicht unterbrechen zu müssen, hatte ebenso schlechte Karten wie jene, die sich mit einer bevorstehenden Heirat ,,herausreden'' wollten. Während die ,,Arbeitsmaiden'' nach ärztlicher Untersuchung meist aufs Land geschickt wurden, um dort auf den ,,männerlosen'' Höfen auszuhelfen oder in der Kinderbetreuung eingesetzt zu werden, wurden ältere, im Arbeitsprozeß bereits erfahrene Frauen in den hannoverschen Betrieben und auch bei der Stadtverwaltung dringend benötigt. Oberbürgermeister Henricus Haltenhoff berichtete Mitte Oktober in vertraulicher Sitzung, daß seit Kriegsbeginn 816 Bedienstete zur Wehrmacht eingezogen worden seien, für die man insgesamt 900 Hilfsbedienstete neu eingestellt habe. Darunter befanden sich auch 20 Beamte der Stadtverwaltung Saarbrücken, die im September aus dem Saarland evakuiert worden waren. Daß die hannoversche Parteileitung von dieser ,,Einstellungswelle'' im Rathaus nicht begeistert war, ist verständlich, denn viele bisher in den NS-Organisationen ehrenamtlich tätige Hannoveranerinnen fanden nun den Weg zu bezahlter Arbeit in der Verwaltung. Haltenhoff setzte sich entschieden gegen den Vorwurf zur Wehr, daß diese Hilfskräfte als ,,Doppelverdiener'' auftreten würden. Ein großer Teil der Beamtenfrauen sei auf seine Veranlassung hin beschäftigt worden, weil sie schon früher für die Stadt gearbeitet und die nötige Erfahrung hätten, betonte Haltenhoff. Gebraucht wurden die Frauen vor allem beim städtischen Ernährungs- und Wirtschaftsamt, da mittlerweile die Lehrkräfte wieder an die Schulen hatten abgegeben werden müssen.

Doch auch der forcierte Fraueneinsatz in der Industrie half nicht über den Arbeitskräftemangel hinweg. ,,Einer der Hinderungsgründe liegt an der Weiterzahlung der Löhne bzw. Gehälter der Behördenarbeiter, Angestellten und Beamten an die Ehefrauen'', stellte die Rüstungsinspektion fest. Dieser Lohn soll höher gelegen haben als bei der Einberufung des Mannes zum Heeresdienst. ,,Dabei ist zu berücksichtigen, daß der Ehemann nicht mehr zu beköstigen und zu bekleiden ist, so daß für die Familie die volle Summe zur Verfügung steht. Der Anreiz zu verdienen entfällt bei der höheren Versorgung gegenüber dem Friedensdienst, zumal die Möglichkeit, für das mehr erhaltene Geld Anschaffungen zu machen, anhand der Mangellage fehlt . . .''

Daß sich unter diesen Bedingungen viele junge Hannoveranerinnen bemühten, den im Kriegsdienst stehenden Freund und Verlobten möglichst bald zu heiraten, wer wollte es ihnen verdenken. In den Monaten nach Kriegsbeginn herrschte auf den Korridoren des hannoverschen Standesamtes Hochbetrieb. Am begehrtesten waren als Hochzeitstag der Freitag und der Sonnabend, doch nur mit diesen beiden Tagen war der Ansturm der trauungswilligen Paare nicht zu bewältigen. Waren im September 1938 454 Eheschließungen registriert worden, so gaben sich im ersten Kriegsmonat schon 589 Paare das Jawort. Im Oktober waren es mit 764 Trauungen 239 mehr als ein Jahr zuvor, und auch der November, als viele Soldaten aus Polen auf Urlaub in Hannover weilten, zeigte mit 758 Eheschließungen gegenüber 403 im November 1938 die kriegsbedingte Heiratswut junger Hannoveraner. Insgesamt vermeldete das Standesamt schon in den ersten drei Monaten des Krieges eine Steigerung der Eheschließungen von 53 Prozent, wobei die meisten auf Kriegstrauungen entfielen. Eine Ferntrauung, bei der der Soldat an der Front seinem Kommandeur das Jawort für die zu Hause vor den Standesbeamten tretende Ehefrau gab, hatte man im ersten Kriegsjahr in Hannover noch nicht. Noch durften die Soldaten um Heimaturlaub bitten, wenn es galt, den Bund fürs Leben zu schließen, der für die Ehefrauen deutliche finanzielle Vorteile bot. Zahlreiche Betriebe klagten denn auch bald darüber, daß es ,,junge Frauen und Mädchen vorziehen, sich kriegstrauen zu lassen und dann die Betriebe zu verlassen, um in den ungeschmälerten Genuß der Familienbeihilfe zu kommen''. Für die

Schülerinnen der Elisabeth-Granier-Schule beteiligten sich regelmäßig an Luftschutzübungen.

Monate nach Kriegsbeginn liegen keine genauen Zahlen darüber vor, wie viele Frauen tatsächlich in der hannoverschen Wirtschaft beschäftigt waren. Im Juni 1940 betrug die Quote der weiblichen Beschäftigten in Betrieben mit mehr als hundert Mitarbeitern im Bereich der Rüstungsinspektion XI 20,1 Prozent, im August 22,4 Prozent. Von 297 883 Beschäftigten waren damals 66 661 Frauen.

Ebenso wie die Frauen wurden in den nächsten Wochen und Monaten auch viele Schülerinnen und Schüler zu Hilfsdiensten herangezogen. Hermann Rust erinnert sich, daß im Oktober in seiner Klasse in der ausgelagerten Hindenburgschule erkennbar geworden sei, daß sich die Klasse bald auflösen würde, weil sich die meisten jungen Leute freiwillig zum Heeresdienst einberufen ließen. ,,Schüler wie ich, die noch nicht eingezogen wurden, sollten bis zum Abschluß unseres Schuljahres, also zu Ostern 1940, Kriegshilfsdienst leisten und sich bewähren. Wenn das Abgangszeugnis vom November 1939 keine ungenügenden bzw. mangelhaften Zensuren in den Hauptfächern aufwies, sollte uns zum Schuljahresende das Abitur durch einen Reifevermerk zuerkannt werden.'' So endete für Hermann Rust und viele andere Hannoveraner seines Jahrgangs die Schulzeit vorzeitig. Am 30. November mußte er bei einem Bauern seinen Hilfsdienst antreten. ,,Wir Schüler der letzten Klasse zogen dann alle in einen Krieg, von dem wir glaubten, das von Hitler geschaffene Großdeutsche Reich zu verteidigen.''

Zu den ersten Opfern dieses Krieges gehörten polnische Kriegsgefangene, von denen nach Hitlers Angaben vor dem Reichstag Anfang Oktober 694 000 ,,den Marsch nach Berlin angetreten'' hatten. Sie sollten sofort an jenen Stellen eingesetzt werden, wo sie fehlende deutsche Arbeitskräfte ersetzen konnten. Die ersten Polen kamen bereits in den Oktoberwochen nach Niedersachsen, wo sie dringend zur Einbringung der Kartoffelernte benötigt wurden. Wem ,,sein'' Pole noch nicht zugeteilt worden sei, sollte nicht ,,neidisch'' auf das Nachbardorf schauen, mahnte die Presse. ,,Einer muß nun mal der erste sein. Und die nächsten Transporte von polnischen Kriegsgefangenen werden noch rechtzeitig genug eintreffen.'' Die Propaganda machte sich öffentlich lustig über diese Gefangenen, die sich beim Auftauchen eines Flugzeuges ,,platt auf die Erde werfen'' würden oder von denen einer direkt vom Hochzeitsmahl weg in die polnische Armee gerufen worden und noch mit seinen Lackschuhen in Gefangenschaft geraten sei. ,,Natürlich ist die ganze Gesellschaft trotz manchem Heimweh heilfroh über die gute Verpflegung und Behandlung in Deutschland.'' Wann die ersten Gruppen polnischer Häftlinge in Hannover eintrafen, steht nicht fest, vermutlich noch im Jahre 1939. Im Februar oder März 1940 müssen viele polnische Gefangene nach Hannover gekommen sein, ganz gegen den Willen von Oberbürgermeister Haltenhoff, der nicht einsehen wollte, daß die Polen hier vor Aufnahme einer Arbeit entlaust werden sollten. Außerdem befürchtete Haltenhoff, daß ,,durch die Polen das Fleckfieber eingeschleppt'' werden könnte. Der Regierungspräsident hatte der Stadt kurz und knapp mitgeteilt, daß die Luftschutzgebäude des Straßenreinigungsamtes an der Glockseestraße den ersten Transport aufzunehmen hätten und daß die Polen dort auch entlaust werden sollten. Da die Stadtverwaltung diesen Aufenthaltsort allerdings nur für kurze Zeit blockiert sehen wollte, wurde empfohlen, die polnischen Gefangenen in der Wollwäscherei Döhren, in einer Halle des Goseriedebades oder in der Hindenburgkampfbahn (heute Eilenriedestadion) einzuquartieren.

Nachweisbar sind weitere Transporte auch Mitte 1940, als bei einer Besprechung zwischen dem Kohlenhandel, dem Wirtschaftsamt und dem Oberbürgermeister festgelegt wurde, daß Kriegsgefangene oder zivile Zwangsarbeiter zur Sicherung des städtischen Kohlenhandels eingesetzt werden sollten. Den Polen folgten bald nach Beendigung der Kriege gegen Frankreich und Norwegen und nach der Besetzung Dänemarks weitere Arbeitskräfte aus diesen Ländern, Hannovers Hauptbahnhof wurde zur Durchgangsstation und Drehscheibe in die Gefangenenlager. Gerhard Stoffert erinnert sich, daß die ersten polnischen Kriegsgefangenen in ihren Uniformen nach Hannover gekommen sind. ,,Sie wurden von einem Landwehrmann begleitet, die Bewachung schien nicht sonderlich intensiv. Man hat sie dann nach kurzer Zeit aufgefordert, sich schriftlich zu verpflichten, nicht gegen Deutsche in feindlicher Absicht vorzugehen. Danach wurde ihnen der Zivilstatus zuerkannt. Ein stolzer Pole weigerte sich, worauf man ihn eines Tages einfach abholte.'' Es gab kaum ein größeres Werk in Hannover, das in den nächsten Kriegsjahren nicht auf Gefangene und Zwangsarbeiter zurückgegriffen hätte. Grundsätzlich wurden die Polen als willige Arbeiter beschrieben, die es allerdings nach Meinung des Aufklärungsdienstes der SA an der nötigen Distanz und Unterwürfigkeit fehlen ließen. So heißt es in einem Spitzelbericht, daß in Langenhagen polnische Kriegsgefangene ohne Erkennungszeichen angetroffen worden seien, ,,mit Zivilmützen, die grünen Lodenmäntel vielfach mit zivilen Knöpfen versehen. Sie sind in dieser geänderten Schutzkleidung von den Bauern kaum zu unterscheiden.'' Zur besseren Kenntlichmachung mußten die Zwangsarbeiter und Gefangenen bald ein gelbes Quadrat aus Stoff an der Kleidung tragen, darauf ein ,,P'' für Pole.

Zwei Tage, bevor aus dem Reichsgebiet in aller Heimlichkeit die ersten Judentransporte ins besetzte Polen geschickt wurden, lief am 10. Oktober in den Atrium-Lichtspielen, im Capitol an der Ihmebrücke und im Gloria-Palast ein Film an, der von der Propagandaabteilung des Goebbels-Ministeriums in Berlin aus Filmwochenschauen zusammengeschnitten worden war. Der ,,Hannoversche Anzeiger'' sprach von einem ,,einzigartigen Filmdokument'', und die ,,Niedersächsische Tageszeitung'' wertete den Streifen ,,Feldzug in Polen'' als großes dokumentarisches Filmwerk. ,,Jedes Wort erübrigt sich. Hier wird von einem Heldenkampf ohnegleichen gezeugt.'' Der Film muß – offenbar nicht nur in Hannover – zum Dauerbrenner geworden sein und viele Monate auf dem Programmzettel gestanden haben. In geheimen Lageberichten des SS-Sicherheitsdienstes vom 14. Februar 1940 hieß es dazu: ,,Der Film findet nach zahlreichen Meldungen aus der Reichshauptstadt das stärkste Interesse der Bevölkerung. Die Vorstellungen sind zum größten Teil bis auf den letzten Platz ausverkauft, und zahlreiche Besucher müssen wegen der Überfüllung zurückgewiesen werden. In fast allen Lichtspielhäusern kam es bei den besonders eindringlichen Szenen zu spontanen Beifallskundgebungen.'' So wie man die Hannoveraner zuvor mit der Dokumentation über den Westwall auf die Situation an der westlichen Reichsgrenze eingestimmt hatte, so sollten diejenigen, die nicht mit in Polen dabei waren, wenigstens miterleben können, wie ,,tapfer und ruhmreich'' sich die deutschen Armeen geschlagen hatten. Auch das trug dazu bei, das Gemeinschaftsgefühl nach dem ,,Blitzsieg'' zu stärken. Daß die Nazis dem Filmstreifen das Prädikat ,,staatspolitisch wertvoll, künstlerisch wertvoll und volksbildend'' verliehen hatten, wunderte niemanden. Die Gaufilmstelle der NSDAP zog mit zehn Filmwagen später ,,durch alle kinolosen Orte''.

Der Krieg war vorbei, dieser zumindest. Aber die eingeleiteten Beschränkungen blieben den Hannoveranern erhalten. In den Firmen und städtischen Dienststellen wurden Brandwachen eingeteilt, die

Der Hauptbahnhof war Drehscheibe für Gefangenentransporte. Für diese Briten war der Krieg früh zu Ende.

dort über Nacht schlafen mußten, um im Falle eines Angriffes erste Rettungsmaßnahmen einzuleiten. Gerhard Stoffert weiß noch, daß ,,uns überall empfohlen wurde, die Lebensmittel luftdicht verpackt zu halten, falls es mal zu einem Gasangriff kommen sollte". In seinem Gedächtnis haften geblieben sind auch die Sicherheitsbestimmungen für einen solchen Gasangriff, von dem ältere hannoversche Soldaten aus den Zeiten des Ersten Weltkrieges in Frankreich oft berichtet hatten. ,,Wenn ihr einen ortsfremden Geruch bemerkt, dann Gasmaske auf. Was ist ein ortsfremder Geruch? Wenn es zum Beispiel im Misthaufen nach Geranien duftet. Hat man keine Gasmaske zur Hand, uriniert man in sein Taschentuch, preßt es vors Gesicht und sucht den nächsten Luftschutzraum auf." Diese Vorsichtsmaßnahme blieb den Hannoveranern zunächst erspart, vieles andere in den nächsten Kriegsjahren, als die Stadt in Trümmern versank, nicht. Die Kuppel des Rathauses, die weithin im Sonnenlicht glänzte, wurde mit großen Planen vor den Blicken der feindlichen Flieger abgeschirmt, im Rathaus selbst und in der Polizeidirektion mußten die Mitarbeiter ermahnt werden, die Verdunklungsvorschriften besser einzuhalten.

In den Zeitungen häuften sich die Meldungen, wonach bei der nächtlicher Verdunklung Menschen überfallen oder andere Verbrechen verübt worden waren. Bereits im September war ein Siebzehnjähriger im Schnellverfahren zu sechs Monaten Freiheitsstrafe verurteilt worden, weil er bei Verdunklung zwei Frauen auf der Göttinger Chaussee belästigt und beleidigt hatte. Auf Straftaten, die bei Verdunklung verübt wurden, standen schwere Gefängnisstrafen, und die Täter mußten sogar mit dem Todesurteil rechnen. Allein in der Nacht vom 14. auf den 15. Oktober wurden drei Raubüberfälle gemeldet, bei denen die Täter im Schutze der Dunkelheit entkommen waren. Einen Tag zuvor war eine ältere Frau bei einem nächtlichen Überfall in Ahrbergen bei Hildesheim ermordet worden. Ein Sondergericht in Hannover ahndete diesen Mord schon am 22. Oktober mit Todesurteilen gegen alle drei Täter. Todesurteile wurden in dieser Zeit häufig verhängt, so Anfang Januar 1940 gegen einen siebenundzwanzigjährigen Mann, der mehrere Jungen zum Geschlechtsverkehr verführt haben soll. So im März 1940 gegen drei Mitglieder einer ,,Räuberbande", die ,,unter Ausnutzung der Verdunklung" ihre Raubtaten unternommen haben soll, und so gegen einen anderen Mann, der im Mai 1940 vor dem Sondergericht gestanden haben soll, nicht weniger als 40 Überfälle auf Frauen ausnahmslos in der Eilenriede verübt zu haben.

Im Februar 1940 meldete der ,,Hannoversche Anzeiger" anläßlich des ,,Tages der Deutschen Polizei", daß die vorbeugende Verbrechensbekämpfung in Hannover inzwischen Erfolge gezeigt habe. ,,Die ersten Kriegswochen brachten zwar verschiedene Raubüberfälle. Doch wurde der in Ahrbergen begangene Raubüberfall schnell aufgeklärt, und schon nach wenigen Tagen wurden die zum Tode verurteilten Täter gerichtet. Als wenige Wochen später vom Sondergericht Hannover ein noch nicht vorbestrafter Bursche wegen eines versuchten Raubüberfalles zu zehn Jahren Zuchthaus verurteilt wurde, hörten diese Überfälle fast gänzlich auf." Auch die Einbrüche seien, so versicherte die Polizei, deutlich zurückgegangen. In einem Falle war ein Einbruch mit einer Gefängnisstrafe von 15 Jahren geahndet worden. ,,Auch hier wirkte die hohe Strafe auf alle lichtscheuen Elemente so abschreckend, daß seitdem nur einige wenige Gelegenheitseinbrüche zu verzeichnen sind", schrieb die Presse. Die Hannoveraner konnten sich also, so sollten solche Meldungen suggerieren, auch bei Verdunklung in Sicherheit wiegen. Ein Gefühl, das von vielen älteren Bürgern heute noch bestätigt wird. Der nationalsozialistische Staat machte mit den Verbrechern ,,kurzen Prozeß", Todesurteile wie die Überweisung in Konzentrationslager sollten abschreckend wirken.

Trotz des Kriegszustandes war ,,Fröhlichkeit" angesagt. Man ging wieder tanzen, auf dem ,,Mäuschenboden" des Wiener Cafés am Kröpcke war immer was los. Im Café Kröpcke, wo man sich für 22 Pfennig lange an einer Tasse Kaffee festhalten konnte, saßen die Hannoveraner bei Caféhausmusik, Varietés wie die ,,Rote Mühle" oder der ,,Trichter" in der Perlstraße, den vor allem die Soldaten aus den Kasernen am Welfenplatz schätzten, waren gut besucht. Die beliebten Schloßkonzerte, ,,die einige Wochen zum Schweigen verurteilt worden waren", wurden am 23. Oktober wieder aufgenommen, als der Dirigent von der Ostfront zurückgekehrt war. Diese Konzerte wurden noch jahrelang vom Norddeutschen Rundfunk übertragen, bis sie nach der Zerstörung des Konzerthauses 1943 letztmals aus dem Ufa-Kino in der Oberstraße ausgestrahlt wurden. ,,Das Leben ging einfach weiter", sagt Helga Jackolis.

Im März 1940 erlebten Tausende Hannoveraner sogar ein Wunschkonzert, das als Veranstaltung des Kriegswinterhilfswerkes im Kuppelsaal der Stadthalle stattfand. Zwar fiel der Höhepunkt des Konzertes, die großangekündigte Zarah Leander, aus, doch auch so konnte sich die Veranstaltung unter Mitwirkung von Marika Rökk, Rudolf Bokkelmann und Bernhard Etté sehen und hören lassen. Die traditionelle Herbstausstellung des Hannoverschen Kunstvereins begann mit Verspätung am 19. November, weil zuvor die Säle des Vereins als

Schlafräume für mehrere Hundertschaften der Hilfspolizei beschlagnahmt waren. Die Kinos in Hannover änderten erst im Sommer des nächsten Jahres ihre Anfangszeiten: Die Abendvorstellung wurde von 20.45 Uhr auf 20.15 Uhr vorverlegt, damit die Besucher noch rechtzeitig vor der Verdunklung ihre Wohnungen erreichen konnten.

Auch an die Kartenwirtschaft gewöhnte sich die Bevölkerung in kurzer Zeit. Die Kohlen für den Hausbrand waren seit Ende September wieder frei verkäuflich, und trotz der Einschränkungen waren die Tische in Hannovers Häusern gut gedeckt. Statt von Nudeln war nun von ,,Nährmitteln" die Rede, die Waschmittel wurden nur noch in Einheitsverpackungen geliefert, und in den Drogerien wurde ,,Schwimmseife mit Luftbläschen" über den Ladentisch geschoben. Der Heringssalat, den Helmut Rode bei Feinkost-Appel in kleine Becher füllen mußte, durfte bald nicht mehr ,,Heringssalat" heißen. ,,Da war zum Jahresende kaum noch Hering drin, und auch die Qualität unserer Mayonnaise hatte sich deutlich verschlechtert." Hannoveraner, die Verwandte auf den Dörfern hatten, gingen dort ,,hamstern". ,,Das nannte man damals Unterm-Tisch-Wirtschaft", erinnert sich Elisabeth Stier, die im Winter 1939/40 ihre Kohlerationen dadurch aufstocken konnte, daß sie die Raucherkarte ihres einberufenen Mannes getauscht hat. Nach und nach mußten auch die Schulturnhallen zur Aufnahme von Getreidevorräten geräumt werden, doch darüber gab es kaum Klagen aus den Schulen, denn Getreide war wichtiger in Kriegszeiten als regelmäßiger Turnunterricht. Um das Geld, das die Hannoveraner durch den geringer gewordenen Verbrauch nicht ausgeben konnten, in die volkswirtschaftlich richtigen Kanäle zu leiten, veröffentlichten Hannovers Sparkassen riesige Zeitungsanzeigen: ,,Kriegssparen". Die deutschen Sparkassen fühlten sich aufgerufen, ,,in dieser großen Zeit den Spargedanken in der Heimat wie an der Front auf den Freiheitskampf unseres Volkes auszurichten", hieß es darin, und man verkündete der Bevölkerung auch, wozu Sparen in der Zeit der Beschränkung notwendig sei. ,,Damit stehen dann nach Beendigung des Kampfes Mittel für zweckmäßige Einkäufe zur Verfügung."

Als weiterhin besonders aufwendig erwies sich alle vier Wochen die Ausgabe der neuen Lebensmittelkarten, die am 21./22. Oktober und dann am 18. November 1939 durch die Blockleiter der NSDAP verteilt werden mußten. Ende November ließ der Offizier vom Bahnhof, Leutnant Lembke, das städtische Wirtschafts- und Ernährungsamt wissen, daß die Kartenausgabestelle für Wehrmachtsurlauber im Hauptbahnhof nicht mehr unter den sehr beengten räumlichen Verhältnissen weiterarbeiten könne. ,,Die Schwierigkeiten liegen darin, daß die hannoverschen Truppenteile zum Wochenende eine große Zahl von Urlaubern entsenden, die den Abwicklungsverkehr wesentlich beeinflussen." Anfang Dezember war dieses Problem gelöst: Die Wehrmachtsurlauber mußten fortan ihre Lebensmittelkarten im gegenüber dem Hauptbahnhof gelegenen Hotel Mußmann in Empfang nehmen.

Vor neue Probleme auf dem Weg in die Isolierung sahen sich Hannovers Juden gestellt. Das Reichsernährungsministerium hatte mit einem Geheimerlaß angeordnet, daß alle Juden vom 1. Dezember an von Sonderzuteilungen auf Lebensmittelkarten ausgeschlossen werden sollten. In einem Rundschreiben der städtischen Dienststelle wurden die Ausgabestellen am 4. Dezember angewiesen, ,,daß die Einzelabschnitte der Lebensmittelkarten, die zum Bezuge von Sonderzuteilungen berechtigen, vor Ausgabe der Karten an Juden entwertet oder abgetrennt werden". Und sozusagen als ,,Amtshilfe" wurde den Mitarbeitern des Wirtschafts- und Ernährungsamtes noch mitgeteilt, daß ,,Juden daran erkenntlich (sind), daß Männer ihrem Rufnamen den Namen Israel und Frauen den Namen Sarah hinzufügen müssen. In der Bedarfsanmeldung ist vor dem Zunamen eines jeden Juden mit Rotstift ein ,J' anzubringen." Am 11. Dezember wurde zudem verfügt, daß auch die an Juden bereits ausgegebenen Kleiderkarten wieder einzuziehen seien.

Weil vielen Hannoveranern das, was sie mit ihren diversen Bezugsscheinen einkaufen konnten, offenbar nicht ausreichend erschien, ließen sie sich vom Arzt krankschreiben und dann bescheinigen, daß ihnen zu ihrer Gesundung zusätzliche Rationen

Auch im Krieg erfreuten sich die Menschen an den festlichen Schloßkonzerten in Herrenhausen.

genehmigt werden müßten. Der Sicherheitsdienst der SS berichtete am 8. Dezember: ,,Nach verschiedenen Meldungen ist die Zahl der ärztlichen Bestätigungen der Anträge auf zusätzliche Nahrungsmittel für Kranke nach den getroffenen Beobachtungen in den letzten Wochen erheblich angestiegen. So wird aus Hannover berichtet, daß bei der dortigen ärztlichen Bezirksvereinigung täglich etwa 600 solcher Anträge einlaufen, zu deren Bearbeitung und Prüfung 20 Angestellte, darunter vier Ärzte, erforderlich sind. In den Berichten wird zum Ausdruck gebracht, daß nach Ansicht von Sachverständigen die beantragten Zusatzmengen erheblich über dem tatsächlich notwendigen Bedarf liegen. Es besteht der Eindruck, daß von seiten der Ärzte bei der Ausstellung der Atteste großzügig vorgegangen werde. Bei manchen Ärzten sei außerdem beobachtet worden, daß sie gewissenlosen Antragstellern gegenüber nicht mit der notwendigen Härte auftreten.''

Die Kartenausgabe spielte sich in den nächsten Monaten mit der Präzision eines Uhrwerkes ein, was keine Kleinigkeit war, denn immerhin mußten monatlich mehr als 440 000 Lebensmittelkarten an Hannoveraner ausgegeben werden, von den vielen Sonderkarten beispielsweise für ,,besondere Ereignisse'' wie Hochzeiten und Familienfeiern einmal abgesehen. Reichseierkarte, Reichsmilchkarte, Reichsfettkarte – alles mal hunderttausend. Die Bürokratie muß logistische Glanztaten vollbracht haben, denn es gab auch noch Sonderkarten für Schwerarbeiter, für Schwerstarbeiter, für Lang- und Nachtarbeiter, für Binnenschiffer . . . Bevor im November 1939 die einheitliche Reichskleiderkarte eingeführt wurde, waren den ,,Bezugsberechtigten'' auch einzelne Scheine für Oberbekleidung – aufgeteilt nach Anzügen, Arbeitshosen, Jacken, Strickkleidung, Mänteln, Kostümen –, für Unterkleidung wie für Strümpfe und Socken, Bettwäsche und Handtüchern ausgehändigt worden. Und natürlich Arbeitsschuhe, Straßenschuhe, Hausschuhe, Überschuhe und Gummischuhe . . .

Daß dieser Wust von Bestimmungen und Reglementierungen trotz allen Aufwandes nicht immer reibungslos in den Griff bekommen wurde, wird an einem Beispiel deutlich, von dem V-Männer des SS-Sicherheitsdienstes Anfang 1940 aus Hannover berichteten. Dabei ging es um Bedarfsanmeldungen junger Paare, die mit den Bezugsscheinen ihre Wäscheaussteuer zusammentragen wollten. ,,In Städten wie Hannover wird die Wäschezuteilung an Verlobte so gehandhabt, daß Bezugsscheine für eine Garnitur Wäsche für ein Bett pro Vierteljahr ausgegeben werden. Die Wäsche für das zweite Bett kann erst in nächsten Vierteljahr beantragt werden. Bei dieser Regelung sei es kaum möglich, wenigstens für zwei Betten gleichgemusterte Bezüge usw. zu erhalten. Es wird ausdrücklich betont, daß die Bevölkerung keine erhöhte Zuteilung erwartet, es wird aber als sehr erwünscht bezeichnet, die Bezugsscheine nicht vierteljährlich, sondern halbjährlich für zwei Betten auszugeben.''

Wer eine Hochzeit ausgestalten wollte, tat gut daran, sich von vornherein bei der Zusammenstellung der Gästeliste zu beschränken, es sei denn, er hatte Verwandte vom Dorf, die gleich Hausgeschlachtetes als Hochzeitsgeschenk mitbrachten. Zwar wurden den Familien, die eine Aufgebotsbescheinigung des Standesamtes vorlegen konnten, zusätzliche Rationen bewilligt, doch galten diese Mengen allenfalls für zwölf Personen. ,,Höchstmenge ist daher z. B. 1800 Gramm Fleisch, 600 Gramm Fett'', hieß es in einem Rundschreiben des hannoverschen Ernährungsamtes. Hochzeitsvorbereitungen waren nicht ohne Hindernisse in jenen Tagen, wie aus dem Bericht von Erna Willms hervorgeht, deren Erfahrungen für die von Tausenden anderen gestanden haben. ,,Meine Freundin, die war Verkäuferin in einem Textilgeschäft. Die sorgte dafür, daß ich auch ohne Kleidermarken Stoff fürs Hochzeitskleid erhielt. Meine Fleischmarken bekam der Schlachter, der wegen der Festlichkeit eine Sonderzuteilung geben durfte. Da wir nur in ganz kleinem Kreise feierten, hatten wir gut zu essen – im Restaurant! Eine Wohnung besaßen wir noch nicht. Bestecke mußten wir mitbringen. Ich wünschte mir so sehr, in einer Kutsche mit Schimmeln zur Kirche zu fahren. Und da hat es Theo tatsächlich fertiggebracht, irgendwo in Hannover eine Kutsche aufzutreiben und an anderer Stelle zwei Apfelschimmel. Brautschuhe hatte ich nicht auf Bezugsschein kaufen können. So hat mir meine Freundin ihre geliehen. Die Nacht verbrachten wir in einer Pension am Aegi. Zu essen oder ir-

Folge der Rationierung: Die Umtauschstelle für Kinderschuhe

gend etwas zu trinken gab es abends nicht mehr. Vor Straßenlärm konnten wir die ganze Nacht nicht schlafen. Waschen konnten wir uns am Morgen auch nicht. Wir rieben uns Gesicht und Hände mit etwas Blumenwasser ab und gingen in das Frühstückszimmer. Frühstück fiel aber aus, da ich die Brotmarken vergessen hatte. Mittags landeten wir hungrig und müde bei meiner Tante zum Essen. Was weiß ich weiter, als daß der Tag wunderschön war." Zwei Monate danach, am 20. Mai, wurde der Mann von Erna Willms in die Bothfelder Kaserne einberufen. Als sie sich am Tor von Theo verabschiedet hatte, hörte sie den wachhabenden Torposten sagen: „Nicht die Hälfte davon kommt wieder."

Als Ende Oktober einige hannoversche Truppeneinheiten zurückkehrten, die meisten Soldaten aber in Richtung Westen dem nächsten Kriegsschauplatz zueilten, da machten sich andere Uniformierte auf den Weg nach Polen. Am 27. Oktober verabschiedete Gauleiterstellvertreter Kurt Schmalz etwa 100 Mann einer Verkehrskompanie des Nationalsozialistischen Kraftfahrkorps (NSKK), die in Polen zur „Durchführung geordneter Verkehrsverhältnisse" eingesetzt werden sollten. Schmalz wäre nicht Schmalz gewesen, hätte er nicht auch zu diesem nichtigen Anlaß markige Worte gefunden. Er wies darauf hin, „daß nach der Vernichtung des polnischen Heeres uralte deutsche Gebiete wieder zum Mutterland zurückgekehrt sind. Der Führer hat in diesen Gebieten den Wiederaufbau befohlen, der mit deutscher Tatkraft durchgeführt wird." Bei einem Vorbeimarsch am Opernhaus soll die Bevölkerung „den scheidenden Männern ein herzliches Lebewohl" zugerufen haben, ehe diese mit dem Zug nach Polen davonrollten. Die Zeremonie wiederholte sich noch einmal im Dezember, diesmal am Schützenplatz, als eine weitere NSKK-Kompanie nach Polen in Marsch gesetzt wurde. Wo die Kompanien des Gaues Süd-Hannover-Braunschweig stünden, so Schmalz diesmal, da werde „auch die Ordnung einziehen". Die „deutsche Ordnung" oder das, was die Nazis darunter verstanden, war in Polen schon am 26. Oktober mit der Bildung des „Generalgouvernements" eingezogen, zwei Tage später mußten alle dort lebenden Juden erstmals den gelben Stern als Erkennungszeichen an der Kleidung tragen.

Am 9. November verfolgten die Hannoveraner gebannt, aber mit unterschiedlichen Gefühlen, die Nachrichtensendungen des Großdeutschen Rundfunks. Die Nachrichtensprecher meldeten, daß am Abend zuvor auf den Führer und Reichskanzler im Münchener Bürgerbräukeller ein Attentat verübt worden sei, dem Hitler durch „glückliche Umstände" habe entkommen können. Dieser „Gedenktag für die Gefallenen der Bewegung" sollte, so hatte das Reichspropagandaamt Süd-Hannover-Braunschweig am 4. November der Polizei in Hannover mitteilen lassen, auf ausdrücklichen Wunsch Hitlers „im Hinblick auf den derzeitigen Kriegszustand" wieder als Werktag begangen werden. Am Abend des 8. November hatte Hitler zur alljährlichen Feier des Marsches auf die Feldherrnhalle in München von 1923 eine Gedenkrede im Bürgerbräukeller gehalten und den Saal verlassen, ehe am Rednerpult eine Bombe explodiert war. Die Bombe kostete sechs „treuen Weggenossen" das Leben, 63 Menschen wurden verletzt. Noch in der Nacht zum 9. November war der 36jährige Georg Elser festgenommen worden, der nach Angaben des Staatssicherheitsdienstes am 14. November ein Geständnis abgelegt haben soll. Als Drahtzieher des Anschlages wurde der Öffentlichkeit der ehemalige Parteigenosse Otto Strasser präsentiert, der vom britischen Geheimdienst angestiftet worden sein soll. Der Hannoveraner Wilfried Nordmann schrieb unter dem Datum 9. November in sein Tagebuch: „Hinter diesem Attentatsversuch sucht man selbstverständlich den englischen Geheimdienst, wenngleich die Tatsache bestehenbleibt, daß sich Deutsche gefunden haben müssen, die dabei schmutzige Handlangerdienste geleistet haben. Alles ist voll Empörung und gleichzeitig voll Dank an die ‚Vorsehung', die den Führer vor dem geplanten Mordanschlag bewahrt hat." Ein ähnliches Gefühl bewegte damals Gisela Meier-Bonitz, die als begeistertes BDM-Mädchen wie hunderttausend andere in Adolf Hitler ihr Idol gesehen hatte.

„Gott sei Dank, ging es uns durch den Kopf, als wir das vom Attentat im Radio hörten. Hitler mußte doch einen Schutzengel haben. Wir konnten die Hintergründe als kleine Volksgenossen damals nicht überblicken." Ganz andere Gedanken beschäftigten den Döhrener Günter Bode, der dem ganzen System übelgenommen hatte, daß es ihm und seinen Freunden die geliebte amerikanische Swing-Musik verboten hatte. „Das Schwein hat es

Nach dem Sieg der Wehrmacht wurden Ende 1939 von Hannover aus Verkehrskompanien nach Polen geschickt, um dort die „Ordnung" wiederherzustellen.

Amtliches

Behördliche Bekanntmachungen

Heute Verdunkelung
von 15⁴⁷ Uhr bis 7⁵⁹ Uhr

Tägliche Erinnerung an die Ausnahmesituation des Krieges.

wieder mal nicht erwischt, dachten wir in unseren Kreisen."

Polizeipräsident Geyer ergriff in einer „nur für den Dienstgebrauch" verfaßten Nachricht an seine Polizeibeamten die Initiative und mahnte noch einmal zu erhöhter Aufmerksamkeit und Wachsamkeit gegenüber allen feindlichen Umtrieben. „Augen auf! Feind im Lande! Überall hat der englische Nachrichtendienst seine bezahlten Agenten eingesetzt. England weiß, daß es im offenen Kampf den Krieg nicht gewinnen kann, es weiß auch, daß es den Kampf bei längerer Dauer aufgeben muß. Seine Gegenbehauptungen sind typisch englischer Bluff", schrieb Geyer, der den Engländern unterstellte, mit „Terror, Sabotage und Attentaten" gegen Deutschland vorzugehen. „Das Attentat vom 8. November ist ein typischer Fall." Der englische Geheimdienst tue alles, um das deutsche Volk zu beunruhigen und der Welt den Eindruck zu vermitteln, daß in Deutschland Chaos herrsche. „Das englische und das französische Volk leben zur Zeit in einer fürchterlichen Kriegspsychose, die uns Deutschen wesensfremd ist. Wir werden dieser Psychose nicht verfallen, aber mit Rücksicht auf die raffinierten und brutalen Machenschaften des englischen Geheimdienstes und seiner verruchten Werkzeuge im eigenen Lande ist es die Pflicht jedes deutschen Volksgenossen, wo er geht und steht, den Gefahren, die uns als Kriegsmittel der Feinde hinterhältig bedrohen, ins Auge zu sehen und eisern zuzupacken", forderte Hannovers Polizeichef, der auch als Vertreter der Stadt im Reichstag saß.

Unter den zahlreichen Sieges- und Sondermeldungen über Erfolge der deutschen Kriegsmarine im Kampf gegen die englische Flotte in den ersten Kriegsmonaten ließ eine Schlagzeile die Hannoveraner besonders aufhorchen. Am 29. November berichteten die Zeitungen von einer „neuen Heldentat des Siegers von Scapa Flow", des Kapitänleutnants Günther Prien. Prien war mit seinem U-Boot bereits am 14. Oktober in die stark gesicherte Bucht von Scapa Flow eingedrungen und hatte dort das Schlachtschiff „Royal Oak" versenkt. Ende November hatte der U-Boot-Kapitän erneut einen britischen Kreuzer bei den Shetlandinseln torpediert. Hannover hatte Prien als „Sohn der Stadt" vereinnahmt, weil Reporter herausgefunden hatten, daß sein Vater, der Amtsgerichtsrat Gustav Prien, 1930 von Goslar nach Hannover übergesiedelt war. Partei und Stadtverwaltung hatten dem Helden von Scapa Flow und seiner Besatzung gleich nach der Siegesmeldung über die „Royal Oak" zwanzig Flaschen Wein und vierzig Flaschen Rum geschickt und natürlich gehofft, daß man den Offizier hier würdig empfangen könne. Doch als Prien über seinen Vater mitteilen ließ, daß er „nicht als Kitschfigur durch den Sensationswolf der Reporter gedreht" werden wolle, da kühlte die Begeisterung der offiziellen Stellen rasch ab. Und zu dem neuerlichen Seesieg am 28. November sandte man der Besatzung nicht einmal ein Glückwunschtelegramm. Zwar besserte sich das Verhältnis Ende 1940 wieder ein wenig, als dem Kapitänleutnant als damals fünftem deutschen Offizier das „Eichenlaub zum Ritterkreuz" um den Hals gehängt worden war, und man ließ vor dem Opernhaus ein Modell seines U-Bootes aufstellen, in das jeder zugunsten des Winterhilfswerkes 1940/41 einen Nagel einschlagen konnte. Doch trotz dieser „Neubesinnung" im Rathaus und der 191 000 verhämmerten Nägel ließ sich Prien bis zum Untergang seines Bootes im März 1941 vor Island nie in Hannover blicken. Passend zur Erfolgsmeldung aus dem Hauptquartier der Marine am 29. November 1939 spielte der Ufa-Palast an der Hildesheimer Straße den Film „Morgenrot", der als „Heldenlied von der deutschen U-Boot-Waffe" angepriesen wurde. Im Annoncentext hieß es: „Ganz Hannover spricht seit Wochen von den Heldentaten unseres U-Boot-Kommandanten."

Von Heldentaten in unendlicher Folge lasen die Hannoveraner damals noch häufiger. Die Werkszeitungen der Hanomag, der Conti, der Straßenbahnbetriebe und vieler anderer Unternehmen waren im November und Dezember voll mit Grüßen und Berichten auf Feldpostkarten und Briefen, mit denen sich die Werksangehörigen für die ihnen aus der Heimat zugesandten Päckchen und guten Wünsche bedankten. Hier und dort lagen den Briefen Fotos aus Polen oder von Stellungen im Westen bei, überwiegend Aufnahmen aus dem Alltag der Soldaten. Mal im freundlichen Gespräch mit „Einheimischen", mal bei der Versorgung von Tieren in der Landwirtschaft oder mit Zeichnungen aus Schützengräben, Geschützstellungen oder beim Lesen hannoverscher Tageszeitungen – auf jeden Fall immer optimistisch in die Zukunft schauend, Siegeswillen verströmend. „Im Westen nur geringe Spähtrupptätigkeit, meldet Tag für Tag der Wehrmachtbericht. Und wir warten vergebens auf Arbeit", schrieb Hermann Münstermann an die Hanomag-Belegschaft von der Westfront, während der Sanitätsunteroffizier W. Hermann von der „fabelhaften Stimmung" im polnischen Quartier zu berichten wußte. In anderen Briefen war von den schnellen Vormärschen der deutschen Truppen und von blutigen Abwehrkämpfen der Polen die Rede, von eindrucksvoller Frontkameradschaft. Ähnliche Feldpost erreichte auch die Conti-Werkszeitung, in der man verständlicherweise nichts über die Verlustlisten mitteilte, die in der Exportabteilung nach Kriegsbeginn eingegangen waren. Die Conti, die hinter der Front im Osten „fliegende Reifenlager" für die Wehrmacht eingerichtet hatte, mußte den in ihrem Auftrag fahrenden Dampfer „Braunfels" nach seiner Versenkung vor Goa von der Transportliste streichen. „Ware vorher gelöscht, Akte an die Versicherungsabteilung abgegeben", hatte ein Mitarbeiter der Exportabteilung notiert.

Auch bei der Stadtverwaltung waren in jenen Wochen zahlreiche Dankesbriefe von eingezogenen Beamten, Arbeitern und Angestellten eingegangen, wie Oberbürgermeister Henricus Haltenhoff mitteilte. Aus Beständen der Stadthalle hatte er schon im Oktober den städtischen Bediensteten an der Front ein Päckchen mit Zigaretten und Zigarren zukommen lassen, ein weitere Sendung war im Dezember zum bevorstehenden Weihnachtsfest auf den Weg gebracht worden. Dutzende Dankesschreiben von Regimentern, Kompanien und Fahrerkolonnen sowie von U-Booten und Flakbatterien, in denen Hannoveraner Dienst taten, erreichten das Rathaus. Außer Zigaretten und Zigarren wurden an die Mitarbeiter der Verwaltung auch Bücher zur Erbauung gesandt, Hermann Löns und Wilhelm Busch. Da hier und da auch Geldspenden an die Mitarbeiter oder deren Vorgesetzte überwiesen wurden, dankten die Kommandeure dem Oberbürgermeister in überschwenglichen Worten. Um

Weihnachten 1939 – eine Flakbatterie am Stadtrand feierte in der zugigen Baracke im Schein der Kerzen.

Krieg auf der Leinwand – im November wurden die „Heldentaten" der U-Boot-Fahrer begeistert aufgenommen.

den Behörden Anhaltspunkte dafür zu geben, was für die Fronttruppen finanziell „angemessen" erschien, sandte der Chef des Generalstabs im Stellvertretenden XI. Armeekorps am Misburger Damm dem Oberbürgermeister am 12. Dezember eine Liste, aus der hervorging, daß Einheiten bis zu 25 Mann 25 Reichsmark erhalten und an Truppenverbände mit 150 und mehr Soldaten 200 Mark überwiesen werden sollten. Insgesamt wurde die Stadtkasse zum Weihnachtsfest 1939 um 24 925 Mark „erleichtert". An die zum Schutz der Gauhauptstadt eingesetzten Flakbatterien wurden weitere 3535 Mark überwiesen, doch bei aller Spendenfreudigkeit mußte der Oberbürgermeister auch Absagen erteilen. Manche Offiziere, die vom „heldenhaften Einsatz" ihrer aus Hannover stammenden Männer berichteten und mit dem „Klingelbeutel" um Spenden für die Ausrichtung von Weihnachts- und Neujahrsfeiern baten, ließ die Verwaltung wissen, sie hätten nicht auf den Listen des Stellvertretenden Armeekorps gestanden und müßten daher leider leer ausgehen. Einige der bedachten Einheiten dankten auf Formblättern für die Aufmerksamkeit aus dem Rathaus, manchmal aber machte man sich auch mehr Mühe. Ein Hauptmann Zorn raffte sich sogar zu einem Dank in Versen auf. „Ein Weihnachtstraum, wie wir ihn nicht erahnt im Traum, ward von der Vaterstadt uns unterm Weihnachtsbaum. Sind wir auch nur ein kleines Rad im Kriegsgetriebe, beherrscht uns alle Mannesmut und vaterländ'sche Liebe. Und unentwegt steh'n wir zu Deutschlands Bestem, in treuer Wacht auch zu der Weihnachtszeit im Westen. Und wenn daheim erstrahlen hell die Weihnachtskerzen,

Geschenkempfehlungen für die Soldaten: Literatur für den Schützengraben ging paketweise an die Front.

dann schlagen höher auch bei uns die Herzen. Wir denken dankbar unserer Vaterstadt, die uns mit ihrem Gruß erfreuet hat."

Doch mit leuchtenden Weihnachtskerzen auf Straßen und Plätzen Hannovers war es in der ersten Kriegsweihnacht nicht mehr weit her. Stadtbaurat Elkart hatte schon Mitte November im Dezernentenkollegium davon abgeraten, große Weihnachtsbäume für die Stadt anzuschaffen, „da eine Beleuchtung nicht möglich ist und auch der Transport Schwierigkeiten macht". Zwar stimmte Oberbürgermeister Haltenhoff dieser pragmatischen Lösung im Grundsatz zu, doch sollte die Regelung nicht für den am 10. Dezember eröffneten Weihnachtsmarkt gelten. Dort behalf man sich, wie die „Niedersächsische Tageszeitung" zu berichten wußte, mit einem Trick, um auch unter Verdunklungsbedingungen den Eindruck leuchtender Tannenbäume doch vermitteln zu können. Die Kerzen wurden mit Leuchtfarbe angestrichen, deren Leuchtkraft immerhin drei Stunden halten sollte und von eventuell die Stadt überfliegenden feindlichen Flugzeugen nicht erkannt werden konnte. „Gewiß, es ist eine Imitation, aber es genügt vollkommen, um Weihnachtszauber auszulösen." Der Weihnachtsmarkt 1939 übrigens war nach dem „Ausflug" zum Welfenplatz im Jahre zuvor wieder in den Schatten der Marktkirche zurückgekehrt, nicht mehr so auffällig auf Vergnügen abzielend und befreit von „lautem Getöse". Weihnachtliche Stimmung stand in der ersten Kriegsweihnacht wieder im Vordergrund.

In den hannoverschen Wohnzimmern allerdings sollte nicht auf den traditionellen Tannenbaum verzichtet werden. 80 000 Bäume wurden auch in diesem Jahr wieder am Möhringsberg angeliefert, die dann zu Festpreisen an 300 Verkaufsstellen abgegeben wurden. Die Zeitungen waren voll mit Angeboten für das bevorstehende Fest. „Ein Bild an die Front und auf dem Weihnachtstisch" annoncierte der Fotohandel, der Buchhandel bot Geschenkkassetten mit wertvoller Lektüre an, der „Hannoversche Anzeiger" schrieb ein Weihnachtspreisausschreiben unter dem Motto „Wie unsere Jugend den Krieg erlebt" aus, und in den Ortsgruppen der NSDAP wurden am Sonntag vor dem Fest 8000 Ehrenkreuze an kinderreiche Mütter verliehen. Das Ehrenkreuz sei höchste Auszeichnung für eine deutsche Frau, hieß es, ein „äußeres Zeichen tiefsten Dankes von Führer und Volk". Und kaum hatten die hannoverschen Mütter ihre Auszeichnung entgegengenommen, da machten sie sich schon wieder auf den Weg, um das Festtagsmenü unter den erschwerten Bedingungen der Kartenwirtschaft zusammenzutragen. „Es war ein trauriges Fest, bei Pferderouladen und Suppe saßen wir bei meinen Eltern und dachten an Fritz, der draußen im Feld stand", erinnert sich die Lindenerin Anni Röttger der Kriegsweihnacht 1939.

Das Winterhilfswerk, das seine Sammler in Wilhelm-Busch-Verkleidungen mit der Sammelbüchse auf die Straße schickte, hatte sich als Weihnachtsgabe etwas Besonderes einfallen lassen. Ein „deutsches Hausbuch" mit dem Titel „Ewiges Deutschland", drei Reichsmark teuer, landete auf vielen Gabentischen. Der Verband der Auslandsdeutschen verkaufte traditionsgemäß blaue Adventskerzen, und BDM-Mädchen hatten niedersächsische Bauernhäuser gebastelt, die Heiligabend bei den Weihnachtsfeiern der Partei an bedürftige Familien verteilt wurden. Am zugefrorenen Maschsee, der zum Eislauf freigegeben worden war, wurde das Eis aufgehackt, um Karpfen, Schleie und Hechte noch rechtzeitig in die Einkaufsnetze der Hausfrauen stecken zu können, und die Kinder freuten sich, daß zum Fest Schnee lag und die erwünschten Schlitten ausprobiert werden konnten.

Am ersten Weihnachtsfeiertag, der auf einen Montag fiel, gab das Trompeterkorps des Artillerieregiments auf dem Opernplatz ein Platzkonzert, doch in den Familien, in denen der Vater oder der Sohn gefallen oder mit zerschossenen Gliedern zurückgekehrt waren, kam keine Freude auf. Wer das Fest unbeschwerter begehen konnte, besuchte Theateraufführungen oder ging ins Kino, um den „Roman eines Arztes" mit Albrecht Schoenhals und Camilla Horn zu sehen oder sich von „Es war eine rauschende Ballnacht" mit Zarah Leander und Marika Rökk für ein paar Stunden von Kartenwirtschaft und Verdunklung ablenken zu lassen. Im Café Gobert an der Schillerstraße war „Tanztee mit Eleanore und Bobé" angesagt, und im Café Continental spielte an beiden Festtagen das Unterhaltungsorchester Alexander und Alexander „für den verwöhnten Geschmack" zum Frühkonzert auf. „Es war eigentlich eine Weihnacht wie immer, man merkte kaum, daß Krieg war", erinnert sich Helga Jackolis.

Für das bevorstehende Neujahrsfest wurde in den Blättern der Kirchengemeinden zur Spende an das Kinderhilfswerk aufgerufen, und der Wehrmachtsbericht meldete wie immer „Im Westen nichts Neues". Da auch der Neujahrstag auf einen „fleischlosen" Montag fiel, zeigte der Reichsernährungsminister Einsehen und gestattete für diesen Tag die Ausgabe von Fleischgerichten in Restaurants – natürlich auf Karte. Die Hannoveraner feierten ein stilles Silvesterfest. Das Abbrennen von Feuerwerk war aus Gründen des Luftschutzes natürlich verboten, zum Kummer der Kinder, die dafür wenig Verständnis aufbrachten. Vielen stand zudem nicht der Sinn nach Krach und Raketen. Die monatelange nächtliche Verdunklung hatte die meisten Bürger innerlich stark verunsichert, man empfand sie als eine Bedrohung. Der Polizeibericht sprach von einem ruhigen Verlauf des Festes, mit dem die Bürger bewiesen hätten, daß sie den Jahreswechsel „in einer der Zeit angemessenen würdigen Weise" zu begehen verstanden. Lediglich auf dem Misburger Damm war ein Fußgänger bei einem Zusammenstoß mit einer Straßenbahn leicht verletzt worden, und auf der dunklen Hildesheimer Straße war eine Straßenbahn auf ein unbeleuchtetes Pferdefuhrwerk geprallt ...

Nicht in allen hannoverschen Familien konnten die Väter die erste Kriegsweihnacht miterleben.

Selbst die Figurenwelt von Wilhelm Busch wurde in den Dienst des Winterhilfswerks gestellt.

Ein harter Winter und die ersten Bomben

Januar bis Mai 1940

Die Hannoveraner gingen mit Hoffen und Bangen zugleich in das neue Jahr. Die Soldaten standen an der weitgehend ruhigen Front im Westen oder lagen in polnischen Quartieren, und niemand wagte vorherzusagen, was die nächsten zwölf Monate bringen würden. In einem Erlaß an die deutsche Wehrmacht hatte Adolf Hitler erklärt, daß „der schwerste Kampf um das Sein oder Nichtsein des deutschen Volkes" erst noch bevorstehe. „Mit solchen Soldaten muß Deutschland siegen", hieß es in dem aufmunternden Neujahrsgruß an die Wehrmacht, und zu diesem Zeitpunkt hätte auch dem ansonsten politisch eher Desinteressierten klar sein müssen, was die Stunde geschlagen hatte: Der Krieg sollte im Westen vorangetrieben, die Hauptgegner England und Frankreich ausgeschaltet werden. „Möge das Jahr 1940 die Entscheidung bringen", hatte Hitler gesagt.

Obwohl die Zeitungen in ihren Ausgaben vom 10. Januar in großen Lettern verkündet hatten, daß erneut englische Kriegs- und Handelsschiffe durch die Luftwaffe zerstört worden seien, interessierten sich vor allem Hannovers Schüler für eine ganz andere, viel kleinere Meldung: „Die städtischen Schulen werden ab Donnerstag (11. Januar) geschlossen. Wann der Unterricht wieder beginnt, wird noch mitgeteilt." Der Winter hatte Hannover fest im Griff, und da schon seit Anfang Dezember wegen der starken Kälte zusätzliche Kohlerationen gebraucht worden waren, stand nun nicht mehr genügend Brennmaterial zu Verfügung, um die Klassenzimmer zu heizen. Ganz Europa stöhnte unter einer Kältewelle, die Ostsee war zugefroren, und sogar an der Riviera war Schnee gefallen. Als die Temperaturen auf mehr als 20 Grad unter Null sackten, da schrumpften die Kohlevorräte der städtischen Betriebswerke zusehends. Mitte Januar sah sich die Verwaltung gezwungen, durch Mitglieder der Technischen Nothilfe im Eispanzer des Mittellandkanals am Nordhafen und bei Lohnde festsitzende Kohlenkähne aus dem Eis sägen zu lassen. Wenigsten die Kohleladungen in Sichtweite der Stadt sollten für die Versorgung der Bevölkerung gesichert werden. In seinen geheimen Lageberichten hatte der Sicherheitsdienst der SS bereits Anfang Januar aus vielen Teilen des Reiches alarmierende Meldungen über den Kohlemangel vermerkt. „Die Stimmung in der Bevölkerung, namentlich in den Großstädten, in denen der Mangel besonders empfindlich ist, wird als außerordentlich gespannt dargestellt", umriß der Sicherheitsdienst die Lage. Das galt auch für Hannover, wo der örtliche Kohlehandel nicht mehr alle Lieferwünsche für Kohlen und Holz erfüllen konnte. Als erwogen wurde, auch die Filmtheater zu schließen, legte die Parteileitung des Gaues Süd-Hannover-Braunschweig auf höhere Weisung Widerspruch ein. Das Bezirkswirtschaftsamt in der Eichstraße erreichte ein Schreiben der für kulturelle Angelegenheiten zuständigen Dienststelle im Gauamt der NSDAP. „Wie mir die Reichsfilmkammer mitteilt, sind von verschiedenen Verwaltungsbehörden die Filmtheater vorübergehend wegen Kohlemangel geschlossen worden. Da die Filmtheater neben den Zeitungen und dem Rundfunk für die Übermittlung der Ereignisse der heutigen Zeit von wesentlicher Bedeutung sind, besteht . . . ein dringendes staatspolitisches Interesse, von der Schließung abzusehen." Also flimmerten auch an den eiskalten Januarabenden in Hannover weiterhin die Wochenschauen vom „Wiederaufbau" in Polen und vom Westwall über die Leinwände, dazu Erbauliches, das die Hannoveraner auf andere Gedanken bringen sollte.

Um in lebensnotwendigen städtischen Einrichtungen wie Krankenhäusern und dem Schlachthof den Betrieb trotz Brennstoffkrise aufrechterhalten zu können, mußte an anderer Stelle gespart werden. Die Ladenöffnungszeiten des Handels wurden verkürzt, die Dienstzeiten der städtischen Ämter im Rathaus und anderswo zeitweise um eine Stunde reduziert, ohne damit wesentliche Erleichterungen zu erzielen. Oberbürgermeister Haltenhoff ließ seine Dezernenten am 25. Januar 1940 wissen, daß der Verwaltung lediglich noch ein Kohlevorrat von 2000 Zentnern zur Verfügung stehe. Auch das, was der für die städtischen Betriebe zuständige Stadtrat Hermann Müller mitzuteilen hatte, klang wenig hoffnungsfroh. Insgesamt verfügten die Elektrizitätswerke noch über 2526 Tonnen Kohle, gerade ausreichend, um das öffentliche Leben, vor allem aber die Industriebetriebe noch eine Woche aufrechterhalten zu können. Die angekündigten Kohlensonderzüge für Hannover seien nicht im vorgesehenen Zeitplan eingetroffen, so daß der Zeitpunkt kommen könne, daß die Abgabe von Strom an die Betriebe reduziert werden müsse, warnte Müller.

Die Geheime Staatspolizei beschwerte sich in einem Fernschreiben an den hannoverschen Regierungspräsidenten sogar darüber, daß ganze Kohlenzüge und Einzelwaggons auf dem Weg zu entlegenen Stationen beschlagnahmt worden seien. Ob dies auch in Hannover geschehen war, ging aus dem Fernschreiben nicht hervor. „Solche Beschlagnahmen müssen zur Anarchie führen", erklärte die Gestapo.

Im ersten Kriegswinter mußten in Hannover Wärmehallen eingerichtet werden, eine Maßnahme, die älteren Bürgern aus der Zeit des Ersten Weltkrieges und aus den Hungerjahren der Weimarer Republik noch geläufig war. Daß die Museen geschlossen worden waren, nahm man hin, Kultur bei Kälte zu genießen, danach stand damals vermutlich vielen nicht der Sinn. An einer Stelle allerdings wurde nicht mit Energie gespart, in den Ausstellungsräumen der NSDAP an der Herrenstraße. Dort nämlich wurde während der Wintertage die „Aufklärungsschau Kriegshetzer England" gezeigt, die sich schon nach kurzer Zeit 12 000 Menschen angesehen haben sollen. Daß sie „künstlerisch wertvoll" und natürlich „volksbildend" war, darf vorausgesetzt werden. Die Kirchen und Friedhofskapellen wurden nur noch bis 10 Uhr am Morgen beheizt. Im Februar wurde die Lage dramatischer, so daß der Oberbürgermeister sogar anordnen mußte, daß Holz aus der Eilenriede nur als letzte Reserve für die Bäckereien geschlagen werden durfte. Immerhin hatte der Schulunterricht für die Gymnasien und Mittelschulen am 22. Januar und der für die meisten Bürger- und Hilfsschulen drei Tage später wieder begonnen. Die Klassen hatten verkürzten Unterricht, man mußte zusammenrücken, nicht das letzte Mal in den nächsten Jahren. Also lasen die Jüngsten wieder in ihren Schulfibeln von Eintopfgerichten für das deutsche Volk, und die Älteren lernten den Bomberfliegermarsch der „Legion Condor". Daß der Unterricht nach nächtlichem Fliegeralarm erst um 8.30 Uhr begann, empfanden die Kinder als erfreuliche Maßnahme. Noch waren ja keine Bomben auf Hannover niedergegangen.

„Die Winterschulferien waren für uns eine feine Sache. Das könnte öfter so sein, dachten wir damals. Wir wußten ja nicht, wie ernst die Versorgungslage tatsächlich war", meint Jürgen Herwig, der damals die Bürgerschule 8 am Kleinen Felde in der Nordstadt besuchte und nach Wiederaufnahme des Unterrichts in die nahe Anna-Siemsen-Schule „zum Schichtdienst" mußte. „Nur dort wurde geheizt." Für Jürgen Herwig war die Schule sechs Wochen später beendet, gleich nach der Schulentlassung feierte er seine Konfirmation in der Lutherkirche. „Von vier Gruppen war unsere die einzige, zu deren Einzug die Glocken kurz geläutet werden durften." In der Woche nach seiner Einsegnung erhielten auch die Pastoren der Lutherkirche – wie alle anderen Gemeinden Hannovers – die Aufforderung, die Bronzeglocken zur Metallspende abzuliefern.

Die Rüstungsbetriebe in Hannover konnten während der sieben Wochen anhaltenden Kälteperiode ihre Produktionspläne oft nicht erfüllen. Wegen Kohlemangels mußten bei der Huth-Apparatefabrik in Linden zahlreiche Abteilungen stillgelegt werden, bei den Brinker Eisenwerken reichte der Kohlevorrat Anfang Februar gerade noch drei Tage, und die Beschäftigten mußten bei herabgesetzter Temperatur von 10 Grad arbeiten. Die Hainhölzer Firma Sorst stellte vom 1. bis 7. Februar ihren Betrieb ein, und durch den Frost verzögerten sich auch die Bauarbeiten bei der Accumulatorenfabrik in Stöcken um einige Wochen. Besonders betroffen war der Betrieb der Reichsbahn, die nicht nur mit Frost, sondern auch mit Schneebergen auf den Gleisen zu kämpfen hatte. In einer „geheimen Kommandosache" sandte die Rüstungsinspektion XI im März an das Wehrwirtschafts- und Rüstungsamt Berlin einen Bericht, der die Dramatik jener Tage erkennen ließ. Im Januar und Februar 1940 war die Verkehrslage durch starke Schneefälle und Temperaturen bis zu 26 Grad unter Null erheblich beeinträchtigt gewesen. „Der Mittellandkanal fror bis 1,3 Meter Eisstärke zu und fiel für die Beförderung von Massengütern wie Kohle, Koks, Erz usw. aus. Die Eisenbahn erlitt große Schäden an Loks, Weichen froren ein, Zugpersonal erkrankte bis zeitweise 40 Prozent des Bestandes. Zugverspätungen bis zu mehreren Stunden waren an der Tagesordnung. Die Land- und Autostraßen waren durch schwere Verwehungen teilweise nicht passierbar. Der Nahverkehr meldete an manchen Tagen, daß vier Fünftel seines auf Fahrt befindlichen Wagenbestandes auf der Straße nicht weiterfahren könne. Jede Möglichkeit des Transportes schien an manchen Tagen zu schwinden... Die Klagen über das Aussetzen der Lieferungen von Verbrauchsgütern häuften sich. Es kam zu vielen Betriebsstillegungen, Minderfertigung war die Folge. Wenn bisher um die Gestellung von Sonderzügen gekämpft werden mußte, so wurde jetzt um einzelne Wagen gerungen... Die Hilferufe der Wehrwirtschaftsbetriebe nehmen kein Ende."

Vom 20. Februar an klangen die eisigen Temperaturen langsam ab, ohne daß sich die Transportlage schlagartig verbessert hätte. Der Eisenbahnverkehr blieb nach wie vor prekär, und die Rüstungsinspektion klagte, daß es nicht gelungen sei, die Werke rechtzeitig mit produktionsnotwendigen Gütern zu beliefern, geschweige denn, die sich in den Firmen aufstauenden Lagerbestände an die

Wehrmacht auszuliefern. Was die Hannoveraner zu diesem Zeitpunkt nicht wußten: Die Wetterlage hatte auch den bereits für Mitte Januar vorgesehenen Angriff im Westen verhindert! Am 27. Januar gab das Oberkommando der Wehrmacht die Weisung für das „Unternehmen Weserübung", den Angriff auf Dänemark und Norwegen, heraus. Diese Staaten hatten erst eine Woche zuvor ihre Neutralität erklärt. Am 1. Februar hatte die Sowjetunion ihre am 30. November begonnene Offensive gegen das kleine Finnland fortgesetzt. Der seit dem Polenfeldzug „ruhende" Krieg, dem hinter den weltpolitischen Kulissen diplomatische Schlachten um Bündnisse und Verträge gefolgt waren, rüttelte Europa wieder auf und sollte die Staaten nun nicht mehr zur Ruhe kommen lassen.

Weil die Munitionsanforderungen der Wehrmacht aus den hannoverschen Betrieben nicht erfüllt wurden, hatten sich im Stellvertretenden Generalkommando (so hieß das Generalkommando seit Kriegsbeginn) am Misburger Damm schon Ende Januar Vertreter der Arbeitsämter sowie der Stadt und der Partei mit dem Stellvertretenden Kommandierenden General getroffen, um über eine Verbesserung der Lage zu beraten. Unter anderem wurde beschlossen, Ungelernte und Facharbeiter aus solchen Firmen „auszukämmen", die nicht dringend für die Wehrwirtschaft benötigt wurden. Und dann fiel erneut, wie sollte es anders sein, der Blick der Planer auf die Frauen. „Einsatz des weiblichen Hilfspersonals wird als dringlich angesehen", hieß es im Protokoll dieser Sitzung. Vorschläge bezogen sich auf die verstärkte Einführung von Frauen-Kurzschichten, auf die Einrichtung von Frauenarbeitslagern direkt neben den Munitionsfabriken sowie auf die Propagierung der freiwilligen Dienstleistung und Gestellung weiblicher Arbeitskräfte durch die NS-Frauenschaft. Schließlich sollte auch das Verbot der Dienstverpflichtung von Hannoveranerinnen aufgehoben werden, die nach Kriegsbeginn vor den Standesbeamten getreten waren und seither Familienunterstützung bezogen hatten. General Wolfgang Muff forderte, alles zu tun, um die Sicherstellung der Rüstungsproduktion zu garantieren. „Es ist eine Ehrenpflicht der jungen Mädchen, bei der Munitionsfertigung mitzuwirken. Ich denke auch an Dienstmädchen, an Mädchen, die heute noch Zigaretten und Kuchen verkaufen. Ich glaube, es können noch viele Kräfte frei gemacht werden", mutmaßte der General. Die Mütter allerdings wollte er von dieser Dienstverpflichtung ausdrücklich ausgenommen sehen.

Im März ging die Frostperiode zu Ende, Hannover erwachte aus dem Winterschlaf. In der Stadthalle sang Marika Rökk für das Winterhilfswerk, und Henny Porten las auf derselben Veranstaltung aus einem Feldpostbrief ergreifende Worte, im Kuppelsaal spielte der berühmte Dirigent Wilhelm Furtwängler mit den Berliner Philharmonikern auf Einladung der Organisation „Kraft durch Freude", und die Sammelaktionen der Partei liefen weiter, wie man es seit Jahren gewohnt war. „Es war für uns eine Ehre, mit der Sammelbüchse auf die Straße zu gehen", berichtet Gisela Meier-Bonitz. Fünf Tage nach dem Furtwängler-Konzert übrigens ordnete SS-Chef Heinrich Himmler die Einrichtung eines Konzentrationslagers in Auschwitz an, und in Hannover sollte wenig später den Juden das Betreten der Markthalle verboten werden. Begründung: sie würden dort häufig einkaufen und sich „unliebsam" bemerkbar machen.

Während die Vorbereitungen für den Angriff im Westen und auf Skandinavien in den Stäben von Heer, Luftwaffe und Marine in das entscheidende Stadium gingen, sorgte sich das Stellvertretende Generalkommando am Misburger Damm um die Bereitschaft der in Hannover stationierten Einheiten zur Spionageabwehr. Am Morgen des 26. Februar war ein Offizier der Abwehr am Hauptbahnhof mit dem Auftrag eingetroffen, „am Standort Hannover höhere Kommandos der Truppen in ihren Unterkünften festzustellen". Ausgestattet mit Stadtplan und Telefonverzeichnis, begann der Abwehrmann am ehemaligen Generalkommando an der Adolfstraße mit seinen Recherchen, indem er den dort postierten Wachsoldaten fragte: „Wo befindet sich der Divisionsstab Hannovers?" Antwort: „Genaue Auskunft kann ich Ihnen nicht geben, soweit mir bekannt ist, befindet sich ein Divisionsstab der 19. Infanteriedivision am Waterlooplatz." Ähnliche Auskünfte erhielt der Spitzel der Abwehr auch von einer Bahnhofsstreife, und was er dann an der Welfenplatzkaserne vor dem Tor des Nachrichtenstabes 51 zu hören bekam, dürfte ihn auch nicht gerade zufrieden gestimmt haben. „8.50 Uhr stellte ich an den Wachposten, ohne mich vorzustellen, die Frage nach dem Stab Nachrichten 51. Antwort: „Stab Nachrichten 51 ist mir nicht bekannt. Hier liegt 2. Bataillon Landesschützen, Abteilung der Heeresveterinärakademie und andere Gruppen." Ähnlich präzise Antworten erhielt der Abwehroffizier auch von den Wachposten der Emmichkaserne, und als er sich vor der Cambraikaserne nach dem Nachrichtenstab 51 erkundigte, da sprudelte es förmlich aus dem eigentlich zur Geheimhaltung verdonnerten Posten heraus: „Der ist nicht hier. Hier hat bis gestern die Kraftfahr-Ersatzabteilung 11 gelegen. Es befindet sich hier noch ein Abwicklungsstab, denn heute ziehen hier die Landesschützen ein. Ein Stab der Nachrichten liegt in der Nordringkaserne." Den ganzen Tag über eilte der Offizier von einem Standort zum anderen,

Für die Kinder war ein Besuch bei der Flakbatterie in Buchholz ein Erlebnis. Als 1940 immer häufiger Bomber über der Stadt auftauchten, war für die Bedienungsmannschaften der ruhige „Lenz" vorbei.

stellte Wachposten Fragen, ließ sich über Telefon von Sekretärinnen oder diensthabenden Unteroffizieren Auskünfte geben und war fast immer erfolgreich. Mit der Geheimhaltung, auf die Partei wie Militärdienststellen so großen Wert gelegt hatten, schien es in Hannover nicht weit her. Nur seine letzte Station, abends um 20.45 im Tanzkabarett „Rote Mühle", hätte sich der Abwehrmann sparen können, denn „versuchte Anknüpfungen mit Wehrmachtsangehörigen verliefen ergebnislos". General Muff übersandte das fünfseitige Erkundungsprotokoll im März den Dienststellen mit der Bemerkung, „daß die Befragten vollkommen ungenügend über die Pflichten der Spionageabwehr unterrichtet waren. Strafverfahren wegen fahrlässigen Landesverrates kann die Folge solchen Verhaltens sein", warnte der Kommandeur. Muff kündigte an, auch in Zukunft Überprüfungen dieser Art zu veranlassen.

Doch nicht nur militärische Abwehrstellen fühlten den Hannoveranern auf den Zahn, auch die Partei hatte überall ihre Verbindungsleute und Kundschafter sitzen, die vertrauliche Meldungen an den Aufklärungsdienst der SA in Berlin und an das Reichspropaganda-Amt Süd-Hannover-Braunschweig schickten. Im März 1940, einen Monat vor dem Angriff gegen Dänemark und Norwegen beispielsweise, melden SA-Späher aus Hannover, daß viele Gerüchte von Soldaten in die Welt gesetzt würden, „die sich gern mit ‚neuen' Nachrichten brüsten. Daneben aber sind Friseurläden besondere Brutstätten von wildesten Gerüchten. In dieser Hinsicht wird angeregt, die Warnschilder ‚Achtung! Feind hört mit' in diesen Läden auszuhängen und . . . durch die Innungen auf die Gefährlichkeit unüberlegter Schwätzereien hinweisen zu lassen." Aus einem anderen „Stimmungsbericht" der SA wurde deutlich, daß sich die Versorgungslage im Frühjahr 1940 in Hannover verschlechtert hatte. „Man klagt darüber, daß der Fettmangel außerordentlich spürbar sei . . . Als sehr hart wird es empfunden, daß den Kleinkindern kein Fett zugeteilt wird." Die Spitzel berichten von „widerlichen Szenen von Hausfrauen in ihrer Raffgier", die überall „wie Aasgeier" auftauchen würden, wo etwas zu haben sei. „Die Ansammlung vor Fischgeschäften, Schokoladenläden und auch vor Zigarrengeschäften ist eine derart unwürdige Erscheinung im Straßenleben Deutschlands, daß man mit aller Macht eingreifen sollte." Auch die ehemalige Lehrerin Ilse von Gösseln erinnert sich, wenn auch mit anderen Worten, an einsetzende Knappheit bei der Lebensmittelversorgung und Einschränkungen im schulischen Bereich. „Die Hefte wurden knapper, das Löschpapier löschte nicht mehr so gut, die Qualität des Papiers wurde schlechter, die Tinte zerfloß. Die kleinen Finger der Erstkläßler waren schmutziger, Seife und Handtücher gab es nicht mehr in der Schule."

Am 9. April 1940, einem Dienstag, überschritten deutsche Truppen die Grenzen Dänemarks, und am selben Tag begann der Angriff auf Norwegen. Während die Dänen sofort kapitulierten, setzten sich die Norweger mit Unterstützung britischer Streitkräfte zur Wehr. Die von Hitler angekündigte „Entscheidung" um die Vormachtstellung in Europa hatte begonnen. „Wir hätten es alle wissen können, denn schließlich hatte Hitler seine wirklichen Ziele ja in seinem Buch ‚Mein Kampf' niedergeschrieben. Doch das stand damals entweder daheim in den Bücherschränken oder verstaubte in Luxusausführungen in den Regalen der Buchhandlungen. Gelesen hat das doch kaum einer", sagt Helmut Rode. Norwegen und Dänemark waren für die Bevölkerung ebenso weit weg wie damals, im Herbst 1939, Polen. Da interessierte man sich schon eher dafür, daß im Großen Garten von Herrenhausen von fleißigen Frauenhänden 150 000 Stiefmütterchen gesetzt wurden und das barocke Kleinod zum 1. Mai wieder für die Bevölkerung geöffnet werden sollte.

Schon bevor die deutschen Divisionen ihren Eroberungskrieg im Norden Europas begonnen hatten, kündigte sich für Hannovers Schulverwaltung von seiten der Wehrmacht neues Ungemach an. Am 6. April hatte die Kommandantur der Verwaltung ein Schreiben überreicht, in dem für die nächste Zeit Raumbedarf an hannoverschen Schulen angemeldet wurde, um dort Truppenteile unterbringen zu können. Der Stadtschulrat teilte daraufhin dem Regierungspräsidenten mit, daß unter den erschwerten Bedingungen von Gebäudebeschlagnahmungen durch Polizei und Wehrmacht und durch die Luftschutzvorschriften ein geregelter Unterricht ohnehin kaum noch möglich sei. 23 Prozent aller höheren Schulen, 56 Prozent aller Mittelschulen und 49 Prozent der Volksschulen seien dem Unterricht schon bisher entzogen, neue Wünsche der Wehrmacht könnten kaum noch erfüllt werden. Immerhin, den Ernst der Lage hatte auch das Schulamt erkannt, denn man bot wenigstens an, die Bürgerschule 22 in der Kollenrodtstraße und die Bürgerschule 41 in der Ebelingstraße für militärische Zwecke frei zu machen. Doch das war für die Ansprüche der Wehrmacht nicht genug. An jenem 27. April, als die Hannoveraner die Nachricht von der Gartenöffnung in ihrer Zeitung lesen konnten, da meldete die hannoversche Standortkommandantur beim städtischen Quartieramt Raumbedarf für je 1500 Mann an Schulen in Bothfeld und in der Nähe der Fliegerstraße sowie für 700 Mann in der Umgebung der Schackstraße an. „Die Quartiere werden voraussichtlich acht Wochen gebraucht." Für die Lehrer und Schüler hieß das erneut zusammenzurücken, für die eingeweihten Mitarbeiter der Verwaltung war offensichtlich, daß nach Skandinavien nun wohl die Auseinandersetzung im Westen anstehen würde.

Am 10. Mai war es soweit: Deutsche Verbände rückten nach Luxemburg, Belgien und in die Niederlande vor, und in Hannover hingen die Menschen wieder an den Rundfunkgeräten, um die Sondermeldungen zu verfolgen. „Wir hatten Hitler vertraut, daß nach Polen Schluß sein sollte. Und nun mußten unsere Männer schon wieder die Köpfe hinhalten", erinnert sich Anni Röttger aus Linden wehmütig an jene Tage, als das Oberkommando der Wehrmacht von immer neuen „Heldentaten" an der Westfront berichtete. Es dauerte nicht mehr lange, da griff der Krieg direkt auf Hannover und seine Randgemeinden über. Plötzlich war die Front vor der eigenen Haustür, und wenn auch die Flakbatterien aus allen Rohren hämmerten und nachts die Scheinwerfer in den dunstigen Himmel über der Stadt griffen, in der Nacht vom 18. auf 19. Mai starben die ersten Menschen durch Fliegerbomben.

Die Soldaten hatten alle Hände voll zu tun, um die Geschütze instand zu halten.

Mit dem Einmarsch der deutschen Truppen in Luxemburg, Belgien und den Niederlanden hatte das britische Bomberkommando der Royal Air Force mit Nachtangriffen auf Deutschland begonnen. Weil in Misburg mit der Deurag-Nerag-Raffinerie eine der wichtigsten Produktionsbetriebe für die Militärs lag, war abzusehen, wann die ersten feindlichen Maschinen auch über dem Himmel von Hannover und Misburg auftauchen würden. Vielleicht wogen sich die Menschen angesichts der propagandistischen Sprücheklopferei des stellvertretenden Gauleiters über die Abwehrkräfte der hanno-

Kanoniere der Reserveflakabteilung 364 in ihrer Unterkunft am Tempelhofer Weg. An der Barackenwand wurde der britische Premier Chamberlain als „Verlierer" verspottet.

verschen Flakbatterien zu sehr in Sicherheit, viele werden sich auch in jener Nacht zum Muttertag 1940 noch einmal in den Betten umgedreht haben, als wieder einmal die Luftschutzsirenen aufheulten. Von 0.47 Uhr bis 2.56 Uhr wurde in dieser Nacht Fliegeralarm gegeben, die britischen Bomber luden bei ihrem ersten Angriff auf Misburg 67 Sprengbomben und 360 Brandbomben ab. In der Zeitung stand über den Angriff lediglich, daß an militärischen Objekten kein Schaden entstanden sei, „weil es dort keine militärischen Ziele gibt". Die meisten Bomben seien auf freiem Feld, in Kleingärten und auf Fahrbahnen niedergegangen, allerdings seien auch „zwei Wohnhäuser und verschiedene Baulichkeiten" schwer beschädigt worden. „Eine Anzahl von Zivilpersonen, darunter ein Kind, wurden getötet, weitere Zivilpersonen wurden verletzt. Beim Abflug aus dem Gaugebiet wurde ein feindliches Flugzeug abgeschossen", das war alles.

Der Angriff auf die Nachbarstadt hatte am Morgen des Muttertages wie ein Lauffeuer in Hannover die Runde gemacht. Familien verlegten ihren Sonntagsausflug nach Misburg, um sich die beschädigten Wohnhäuser in der Liebrechtstraße anzuschauen, die damals noch wie eine Sensation gewirkt haben. Trümmer, Tote, Bomben – das kannte man bis dahin doch nur aus Polen. Und nun Misburg! Kinder gaben sich der populär gewordenen Suche nach Flaksplittern hin, manche Zuschauer begriffen langsam den Ernst der Lage, und ihnen dämmerte, daß Misburg erst der Anfang gewesen sein könnte. „Nachdem ich die Zerstörungen gesehen hatte und aus der Zeitung von den Toten erfuhr, da wollte ich kein Englisch mehr lernen. Ich verspürte einen ungeheuren Haß gegen England", schildert Karl-Heinz Michaelis seine Gefühle. Auch Helmut Rode hatte sich in der Südstadt auf sein Fahrrad geschwungen und war nach Misburg hinausgeradelt. „Das sah schlimm aus, und ich ahnte, daß jetzt der Krieg erst richtig begonnen hatte. Während wir anfangs die Luftalarme nicht ernst genommen hatten, wurden wir nun vorsichtiger und verschwanden spätestens nach dem ersten Angriff auf die Seilerstraße im August bei jedem Luftalarm in den Kellern." Zur Trauerfeier für die Toten von Misburg kam aus Berlin sogar der Gauleiter, Minister Bernhard Rust, nach Misburg, wo ein SA-Sturm vor wehenden Hakenkreuzfahnen die Totenwache an den Särgen hielt. Rust sagte in seiner Traueransprache, dieser Maimorgen sei so friedlich, „daß man den Kampf vergessen kann, der das Leben des einzelnen und der Nation erfüllt. Er läßt fast vergessen, daß im Westen ein furchtbarer Kampf tobt, der nun wieder die Besten des Volkes fordert. Dieser Kampf ist vom Führer nicht gewollt", log Rust. Und er fügte hinzu, daß die 19 Toten von Misburg für Deutschland gefallen seien.

Noch ehe die Bombenopfer zur letzten Ruhe gebettet waren, wurde im hannoverschen Rathaus Klartext gesprochen. In einer Besprechung mit seinen Stadträten am 21. Mai kam Oberbürgermeister Haltenhoff auf den nächtlichen Angriff gegen Misburg zu sprechen und forderte dazu auf, Lehren aus dem Angriff zu ziehen, weil mit weiteren Fliegerattacken zu rechnen sei. Stadtbaurat Karl Elkart berichtete, daß einige Bomben beim Abflug auch auf Stöcken gefallen seien, wobei zwei Bauernhäuser beschädigt und eine Kuh und ein Pferd getötet worden seien. Kritisiert wurde bei dieser Besprechung, daß der Fliegeralarm viel zu spät gegeben worden und Hannover „mangelhaft geschützt" gewesen sei. Stadtrat Hoffmann begründete den zu kurzen Alarm damit, daß die Horchposten an den Flakbatterien nicht durch Luftschutzsirenen abgelenkt werden sollten.

Daß der Schaden in Misburg weit größer war, als die gelenkte Presse hatte verlauten lassen, ging aus einem Schreiben der Rüstungsinspektion hervor, in dem es unter anderem hieß: „In Mitleidenschaft gezogen wurde die Spirituosenfabrik Kraul und Wilkening, der bei einem Gesamtlagerbestand von zwei Millionen Litern rund 600 000 Liter ausgebrannt sind." Auch bei der hannoverschen Portland-Zementfabrik und der Norddeutschen Zementfabrik, der Zementfabrik Germania und dem Werk Teutonia hatten die Bomben so starke Schäden an den Gesamtanlagen hinterlassen, daß die Betriebsanlagen erst nach mehreren Wochen wieder ihre volle Kapazität aufnehmen konnten. Als die feindlichen Flugzeuge das „Fehlen einer wirksamen Bodenabwehr festgestellt" hätten, seien sie auf 200

Meter heruntergegangen, um ihre Bomben gezielt abzuwerfen, berichtete die Rüstungsinspektion. Der Regierungspräsident in Hannover konnte sich durch den Angriff auf Misburg in seiner schon am 28. Oktober 1939 geäußerten Auffassung bestätigt sehen, daß Misburg „nach Art und Intensität seiner Industrialisierung als besonders lockendes Luftangriffsziel nicht hinreichend geschützt ist". Doch nicht nur Misburg fehlte zu jenem Zeitpunkt ausreichender Luftschutz. Der Regierungspräsident hatte auch für andere kriegswichtige Objekte wie die Werke der Conti und der Hanomag, die Leichtmetallwerke und die Empelder Dynamit-Nobel-Munitionsfabrik einen sicheren Flakschutz vermißt, eine Ansicht, die auch von der Rüstungsinspektion geteilt wurde. Schließlich wurden acht zusätzliche schwere Flakbatterien und Scheinwerfer zum Schutz Hannovers eingesetzt.

Daß die Misburger Bevölkerung durch den Angriff in der Nacht zum 19. Mai und weitere bald folgende Angriffe erheblich beunruhigt war, erfuhren sehr schnell auch die Spitzel der SA. „In Hannover wird erzählt, daß Bewohner von Misburg, mißgestimmt durch die vielen Bombenangriffe auf ihren Ort, geäußert hätten, der Führer hätte den Krieg vermeiden können. Sie sollen starke Stimmung gegen den Führer gemacht haben", meldeten sie am 1. August vertraulich nach Berlin. Als dieser Bericht in der Gauleitung noch getippt wurde, starben auch die ersten acht Hannoveraner bei einem Luftangriff auf ein Haus in der Seilerstraße. Die von der Partei vielfach gepriesene „Heimatfront" war jetzt zur Front geworden, mitten in Hannover. Bei insgesamt 128 Bombenangriffen britischer und amerikanischer Verbände sollten in den nächsten fünf Jahren durch den Abwurf von 30 000 Spreng- und 1,8 Millionen Brandbomben mehr als 7000 Menschen sterben. Das Leben ging nicht mehr „normal" weiter, der Krieg war bittere Wirklichkeit geworden.

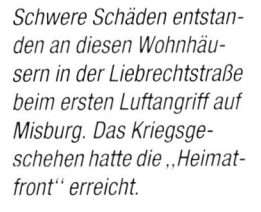

Warten im Luftschutzkeller – eine Hausgemeinschaft im Frühjahr 1940 in der Hildesheimer Straße.

Schwere Schäden entstanden an diesen Wohnhäusern in der Liebrechtstraße beim ersten Luftangriff auf Misburg. Das Kriegsgeschehen hatte die „Heimatfront" erreicht.

Nachwort

Die vorliegende Arbeit wäre ohne die Unterstützung zahlreicher Hannoveraner und einzelner Institutionen undenkbar gewesen. In langen Interviews haben mir viele Menschen Eindrücke von den Ereignissen und der Stimmung vor fünfzig Jahren in ihrer Stadt vermittelt und Fotos aus ihren Privatalben zur Verfügung gestellt. Besonderer Dank gilt Manfred Dürkefälden, der mir wertvolles Material aus seiner Familie über jene Zeit erschlossen hat, sowie dem Direktor des Historischen Museums, Dr. Waldemar Röhrbein, und dem Leiter des Stadtarchivs, Dr. Klaus Mlynek. Sie haben mir als Angehörigem der Nachkriegsgeneration Mut gemacht, eine Lücke in der Chronik Hannovers zumindest teilweise zu schließen. Auch Thomas Grabe, den Mitarbeitern des Stadtarchivs Hannover, des Niedersächsischen Hauptstaatsarchivs, des Historischen Museums und des Archivs der „Hannoverschen Allgemeinen Zeitung" gebührt Dank für ihre Hilfe bei der Erschließung der Quellen.

Quellenverzeichnis

Ungedruckte Quellen:

Nieders. Hauptstaatsarchiv Hannover
Hann 80 Hann II, Hann 122 a, Hann 130, Hann 133, Hann 190, Hann 310, Nds. 721 Hann, VVP 17, ZGS Fleischhauer
Stadtarchiv Hannover
Hauptregistratur XV, XVI, XXI, XXIII, XXVI, XXXI, XXXIX, Akten Wirtschafts- und Ernährungsamt sowie Schulamt, Protokolle der Dezernentenbesprechungen 1938–1940, Protokolle der Beratungen mit den Ratsherren 1939, Sammlung Edor Hillebrecht
Archiv des Annastifts in Kleefeld
Archiv der Evangelischen Landeskirche Hannovers
Archiv der Oberpostdirektion Hannover
Archiv der Hannoverschen Allgemeinen Zeitung
Bundesarchiv, Militärarchiv Freiburg
Bestände RH 26–11, RH 53–11, RL 21, RW 19, RW 20–11, RW 21–27
Wehrbereichsbibliothek II, Hannover

Gedruckte Quellen:

Adreßbuch Hannover 1940

Bauermeister, Ulrich (Hrsg.) – Jahrbuch zum Jubiläum der Bismarckschule, Hannover, 1981
Bahlsen-Festschrift anläßlich des 75jährigen Firmenbestehens, Hannover, 1964
Boberach, Heinz (Hrsg.) – Meldungen aus dem Reich – Die geheimen Lageberichte des Sicherheitsdienstes der SS, Bde. 1–4, Herrsching, 1984
Bode, Walther – Langenhäger Skizzen, Schriften zur Geschichte der Stadt Langenhagen, Bd. 6, 1984

Chronik des 20. Jahrhunderts, Dortmund, 1983

Deutschlandberichte der Sozialdemokratischen Partei Deutschlands 1939–1940, Frankfurt, 1980
Die Betriebsgemeinschaft – Werkzeitschrift der Continental Gummiwerke AG Hannover, 1938–1940
Die ERSTE Kameraden-Zeitung, Offizielles Mitteilungsblatt der Kameradschaft der 1. Panzerdivision und ihrer Traditionsverbände, Hannover, Nr. 1, September 1988
Die Gasversorgung Hannovers 1929–1954, bearbeitet von W. Preiss

Ein Jahrhundert Fortschritt und Leistung – Festschrift zum 100jährigen Bestehen der Continental AG, Hannover, 1971

Geschäftsbericht der Städtischen Betriebswerke 1939 (vertraulich)

Hannoversche Allgemeine Zeitung
Hannoversche Geschichtsblätter, Neue Folge Nr. 13/1960 und Nr. 41/1987
Hannoverscher Anzeiger Jgg. 1938–1940
Hanomag-Werkszeitung für die Betriebsgemeinschaft Jg. 1939

Lefèvre, Albert – 100 Jahre IHK zu Hannover, Wiesbaden, 1966

Mangelsen, Jochen – Hannoversche Allgemeine Zeitung – Hannoverscher Anzeiger, Untersuchungen zur Entwicklung einer Tageszeitung seit ihrer Gründung im Jahre 1893, Berlin, 1968

Nachrichten aus dem Wehrkreis XI, Jgg. 1938–1940
Nachrichtenblatt der staatlichen Polizeiverwaltung Hannover, Jg. 1939
Nachrichtenblatt – Werkszeitschrift der Überlandwerke und Straßenbahn Hannover AG, Jg. 1939
Niedersächsische Tageszeitung, Jgg. 1938–1940

Podzun, Hans-Henning (Hrsg.) – Das Deutsche Heer 1939 – Gliederung, Standorte, Stellenbesetzung und Verzeichnis sämtlicher Offiziere am 3. 1. 1939, Bad Nauheim, 1953

Rischbieter, Henning – Hannoversches Lesebuch, 2 Bde., Velber, 1978
Röhrbein, Waldemar – Wir sind noch am Leben, das ist doch die Hauptsache . . . – Lesung am 10. 10. 1983 im Historischen Museum, zusammengestellt aus Briefen, Tagebüchern und Zeitungen, geschrieben und veröffentlicht während des Zweiten Weltkrieges in Hannover

Schmied, Wieland – Wegbereiter zur modernen Kunst, 50 Jahre Kestner-Gesellschaft, Hannover 1966

Schröder, Hans-Hermann – Probleme der Rüstungswirtschaft in Hannover 1939–1945, schriftl. Hausarbeit für das Lehramt an Gymnasien, Hannover, 1981

Stahl, Friedrich (Hrsg.) – Heereseinteilung 1939 – Gliederung, Standorte und Kommandeure sämtlicher Einheiten und Dienststellen des Friedensheeres am 3. 1. 1939 und die Kriegsgliederung vom 1. 9. 1939, Bad Nauheim, 1953

Statistischer Vierteljahresbericht der Hauptstadt Hannover, 2. Vierteljahr 1939

Szepansky, Gerda – Einführungsvortrag zur Ausstellung ,,Blitzmädel – Heldenmutter – Kriegerwitwe" am 17. 1. 1989 im Freizeitheim Stöcken in Hannover

Wagner, Helmut (Hrsg.) – Gewerkschaft Erdölraffinerie Deurag-Nerag – Geschichte eines Industrieunternehmens in Hannover-Misburg 1931–1986

Zingel, Bernd – Lokomotiven, Kommißbrot, Kanonen, Granaten und Kochtöpfe – Friedens- und Kriegsproduktion der Hanomag-Arbeiter, Arbeitspapier Nr. 15 des Projekts Arbeiterbewegung in Hannover, 1987

Zwernemann, Wilhelm – Die Leistungen der Reichsbahndirektion Hannover 1939–1945, Hannover, 1947

Literatur:

Benz, Wolfgang u. a. (Hrsg.) – Sommer 1939 – Die Großmächte und der Europäische Krieg, Stuttgart, 1979

Buchholz, Marlis – Die hannoverschen Judenhäuser – Zur Situation der Juden in der Zeit der Gettoisierung und Verfolgung 1941–1945, Hildesheim, 1987

Bekker, Cajus – Angriffshöhe 4000 – Die deutsche Luftwaffe im Zweiten Weltkrieg, 14. Auflage, München, 1982

Dannowski, Hans-Werner u. a. – Geschichten um Hannovers Kirchen – Studien, Bilder, Dokumente, Hannover, 1983

Die Eisenbahn in Hannover, Verlag Wolfgang Zimmer, Eppstein, 1969

Dollinger, Hans (Hrsg.) – Kain, wo ist dein Bruder? Was der Mensch im Zweiten Weltkrieg erleiden mußte, dokumentiert in den Tagebüchern und Briefen, München, 1983

Engelmann, Bernt – Bis alles in Scherben fällt – wie wir die Nazi-Zeit erlebten, Köln, 1983

Flugblattpropaganda im II. Weltkrieg, Beiträge zur Ausstellung im Historischen Museum am Hohen Ufer, Hannover, 1980

Fröbe, Rainer u. a. – Konzentrationslager in Hannover, 2 Bd., Hildesheim, 1985

Gehendges, Friedrich u. a. – Jener September – Europa bei Kriegsausbruch 1939, Düsseldorf, 1979

Grabe, Thomas u. a. – Unter der Wolke des Todes leben – Hannover im Zweiten Weltkrieg, Hamburg, 1983

Grosser, Dieter u. a. – Vorgeschichte des Zweiten Weltkrieges, Schriftenreihe der Nds. Landeszentrale für politische Bildung, Zeitgeschichte Heft 7, Hannover, ohne Datum

Grote, Eckart – Braunschweig im Zweiten Weltkrieg – Dokumentation einer Zerstörung, Braunschweig, 1985

Hinze, Rolf – Die hannoversche Artillerie, Bd. 1, Düsseldorf, 1977

Hannover 1933 – Eine Großstadt wird nationalsozialistisch, Beiträge zur Ausstellung im Historischen Museum, am Hohen Ufer, Hannover, 1981

Hannover im 20. Jahrhundert – Beiträge zur Ausstellung aus Anlaß des 75jährigen Bestehens des Historischen Museums am Hohen Ufer, Hannover, 1978

Jünger, Ernst – Garten und Straßen – Aus den Tagebüchern von 1939 und 1940, Berlin, 1942

Knobelsdorff, Otto von – Geschichte der niedersächsischen 19. Panzer-Division, Bad Nauheim, 1958

Krull, Albert – Das Hannoversche Regiment 73, Geschichte des Panzer-Grenadierregiments 73 1939–1945, Bethel, 1967

Plath, Helmut u. a. – Heimatchronik der Hauptstadt Hannover, Köln, 1956

Raabe, Paul – Gottfried Benn in Hannover 1935–1937, Velber, 1986

Reichskristallnacht in Hannover – Beiträge zur Ausstellung anläßlich der 40. Wiederkehr des 9. November 1938, Historisches Museum am Hohen Ufer, Hannover, 1978

Schäfer, E. Philipp – 13 Tage Weltgeschichte – Wie es zum 2. Weltkrieg kam, Düsseldorf–Wien, 1964

60 Jahre Rundfunk – Beiträge zur Ausstellung im Historischen Museum am Hohen Ufer, Hannover, 1984

Steinert, G. Marlis – Hitlers Krieg und die Deutschen – Stimmung und Haltung der deutschen Bevölkerung im 2. Weltkrieg, Düsseldorf–Wien, 1970

Steinweg, Wolfgang – Das Rathaus in Hannover – Von der Kaiserzeit bis in die Gegenwart, Hannover, 1988

Wall, Heinz von der – Noch schmetterten Siegesfanfaren – eine Jugend in Südoldenburg, Cloppenburg, 1981

Wucher, Albert – Seit 5.45 Uhr wird zurückgeschossen – Ein Dokumentarbericht über den Beginn des Zweiten Weltkrieges, München, 1959

Zorn, Gerda – Widerstand in Hannover – Gegen Reaktion und Faschismus 1920–1946, Frankfurt, 1977

Bildverzeichnis:

Adreßbuch Hannover 1940
(Seite 76)

Archiv der Continental AG
(Seite 27 unten)

Archiv der Üstra
(Seiten 20, 21 unten, 51, 59)

Hannoversche Allgemeine Zeitung
(Seite 43)

Hannoverscher Anzeiger – Reproduktionen –
(Seiten 4, 9, 10, 17, 21, 22, 34 oben, 45, 52, 54, 66, 69, 80, 81)

Historisches Museum
(Seiten 6, 8, 15, 16, 19, 26, 38, 48, 65, 67, 70, 74, 75, 78)

Niedersächsische Tageszeitung
(Seiten 28, 30 unten, 79, 82)

Private Leihgaben
(Seiten 12, 18, 23, 30, 32, 33, 34 unten, 40, 41, 44, 50, 56, 57, 60, 68, 81 oben, 83, 84, 88, 89, 90, 91)

Verein Industriemuseum
(Seiten 24, 27 oben)

Wilhelm Hauschild
(Seiten 31, 46, 64)